a m.r le Dr Faivre
hommage respectueux et dévoué

ESSAI

SUR LA

CHIRURGIE DU POUMON

DANS LES AFFECTIONS NON TRAUMATIQUES

ESSAI

SUR LA

CHIRURGIE DU POUMON

DANS LES AFFECTIONS NON TRAUMATIQUES

PNEUMECTOMIE

PNEUMOTOMIE, INJECTIONS INTRA-PULMONAIRES

PAR

H. TRUC

Docteur en Médecine

Ancien Interne des Hôpitaux de Lyon (Concours 1881)

Ex-Aide d'Anatomie (Concours 1883)

Prosecteur a la Faculté de Médecine (Concours 1884)

Membre-Adjoint de la Société des Sciences Médicales

PARIS

ANCIENNE LIBRAIRIE GERMER BAILLIÈRE ET Cie

FÉLIX ALCAN, ÉDITEUR

108, Boulevard Saint-Germain, 108

1885

DU MÊME AUTEUR

1° **Deux cas de hernie étranglée,** In *Lyon-médical*, janvier 1882, n° 3, t. XXXIX.

2° **Note sur un cas de hernie étranglée avec résection de 63 cent. d'intestin.** In *Lyon médical*, juin 1882, n° 23, t. XL.

3° **Note sur un cas d'hydrocéphalie ancienne et considérable avec conservation de l'intelligence.** In Bull. de la Société d'anthropologie de Lyon, 1882.

4° **Etudes sur le thorax normal de l'homme.** In *Lyon-médical*, 1884, nos 31 et 33, t. XLVI.

5° **Note sur un cas d'épilepsie congestive.** In *Lyon-médical*, 1885, n° 14, t. XLVIII.

6° **Des injections intra-parenchymateuses dans la tuberculose pulmonaire.** In *Lyon-médical*, 1885, n° 18, t. XLVIII.

7° **Anévrysmes multiples de la crosse de l'aorte.** In *Lyon-médical*, 1885.

8° **Etudes sur le thorax de l'homme tuberculeux** (*en publication*).

INTRODUCTION

Grâce à l'application générale de la méthode antiseptique, le domaine de la thérapeutique chirurgicale s'est considérablement étendu.

Les organes les plus importants, comme les régions les plus profondes de l'économie, relèvent aujourd'hui, dans une certaine mesure, de l'action du chirurgien.

L'appareil respiratoire lui-même, entouré d'une enveloppe osseuse et d'une structure si délicate, est l'objet des tentatives les plus hardies.

Des kystes, des abcès, des gangrènes, des foyers tuberculeux, siégeant dans le parenchyme des organes respirateurs, ont été attaqués par l'instrument tranchant ou le thermo-cautère.

La chirurgie semble devoir désormais entrer en ligne de compte dans le traitement de plusieurs affections pulmonaires naguère encore exclusivement médicales.

Que penser de cette thérapeutique ?

Ayant eu récemment l'occasion d'observer un cas de drainage pulmonaire et de pratiquer un certain nombre d'injections médicamenteuses dans des poumons tuberculeux, je me suis proposé de rechercher ce que l'on avait entrepris dans la même voie.

Les faits publiés depuis quelque temps, à l'étranger surtout, m'ont paru donner à cette étude une véritable actualité et m'ont engagé à en faire l'objet de ma thèse inaugurale.

Réunir ces faits, les classer, les comparer, les estimer à leur valeur réelle ; peser les indications et contre-indications qui s'en dégagent ; rechercher le mode opératoire qui leur convient ; déduire, de leur ensemble, quelques conclusions pratiques, tel est le but de ce travail.

Il représente moins une œuvre de critique qu'une revue générale.

Ma tâche, en effet, sera remplie si je parviens à faire l'exposé complet et fidèle de l'état de la science sur un point nouveau de thérapeutique chirurgicale.

L'étude présente se divise en trois parties :

1re Partie. — *Résection du poumon ou pneumectomie.*

2me Partie. — *Ouverture des excavations pulmonaires ou pneumotomie.*

3me Partie. — *Injections intra-pulmonaires.*

Un historique général précèdera leur exposition.

Je ne parlerai de la résection du poumon que pour essayer d'être complet. Elle ne m'arrêtera pas longtemps. Quelques rares observations cliniques et un petit nombre d'essais expérimentaux sur l'animal, tel est d'ailleurs le bilan de la pneumectomie.

La pneumotomie exigera de plus amples développements. Ses applications au traitement des kystes, des corps étrangers et des excavations d'origines diverses seront examinées séparément et discutées.

Quant aux injections intra-pulmonaires, je me contenterai d'exposer les résultats obtenus par les auteurs ou par moi-même, en ayant soin, toutefois, de les comparer et d'en faire ressortir les particularités intéressantes.

J'ai cru devoir sacrifier beaucoup aux faits ; je me suis efforcé d'être bref. La relation des observations sera plus utile aux chirurgiens qu'une longue et vaine dissertation.

Avant d'entrer en matière, je tiens à remercier ceux qui m'ont fourni les premiers éléments de ce travail ou seulement aidé dans mes nombreuses recherches bibliographiques.

M. le professeur R. Lépine m'a suggéré l'idée de cette étude ; il m'a fait l'honneur d'accepter la présidence de ma thèse, enfin ses conseils m'ont toujours été prodigués et sa bienveillance à mon égard ne s'est jamais démentie ; je prie mon excellent maître de vouloir bien agréer l'hommage de ma profonde reconnaissance et l'assurance de mon respectueux attachement.

Je suis également heureux d'adresser mes remercîments à M. Augagneur, chirurgien-major désigné de l'Antiquaille, qui m'a communiqué un fait inédit ; à M. Daniel Mollière, chirurgien-major de l'Hôtel-Dieu, et à son interne, M. Cuche, qui m'ont permis de recueillir, dans leur service, une observation importante ; à mes collègues et amis : MM. Gangolphe, Bory et Paliard, pour le précieux concours qu'ils m'ont prêté dans la traduction des ouvrages allemands (1).

(1) Beaucoup de travaux allemands ont été traduits à mon intention ; d'autres m'ont été fournis par les journaux anglais et surtout américains, si complets au point de vue bibliographique et analytique.

ESSAI

SUR LA

CHIRURGIE DU POUMON

PNEUMECTOMIE, PNEUMOTOMIE

INJECTIONS INTRA-PULMONAIRES

HISTORIQUE (1)

L'action chirurgicale, dans les affections pulmonaires, s'est exercée jusqu'ici de trois manières différentes :

1° Tantôt l'opérateur a ouvert des excavations pathologiques dans le but de les débarrasser de leur contenu morbide, de les déterger, de les désinfecter et d'en provoquer le retrait ou la cicatrisation ;

2° Tantôt il a détruit, extirpé ou reséqué une portion des organes respiratoires ;

3° Tantôt, enfin, il a pratiqué des injections intra-parenchymateuses pour modifier directement la vitalité des tissus.

(1) J'ai largement puisé, pour la rédaction de ce chapitre, dans le mémoire de W. Koch et la thèse de Arjo. Le travail de Koch, antérieur de trois ans à celui de Arjo, est au moins aussi complet.

Nous ferons successivement l'histoire de ces divers modes d'intervention.

§ I

Hippocrate (1) parle explicitement des abcès pleuropulmonaires. Non seulement il pose leurs indications opératoires, mais encore il en décrit le modus faciendi :

« Quand, à la suite de peripneumonie, un abcès se forme, il y a fièvre, toux sèche, dyspnée ; les pieds enflent, les ongles des mains et des pieds se rétractent..... »

« Vous ferez du côté où il y a gonflement et le plus de douleur, l'incision aussi bas que possible, plutôt en arrière du gonflement qu'en avant, afin que l'écoulement du pus soit facile. Vous inciserez entre les côtes avec un bistouri convexe, la peau d'abord ; puis, prenant un bistouri pointu, vous l'entourerez de linge jusqu'à la pointe, et vous en laisserez libre la longueur de l'ongle du pouce ; alors vous enfoncerez l'instrument. »

Hippocrate met ensuite une tente dans la plaie, fait écouler le pus soir et matin, injecte, lave la cavité à travers une canule avec du vin et de l'huile tièdes ; il place enfin une canule d'étain et la raccourcit à mesure que l'excavation se comble et la plaie se cicatrise.

Ces quelques lignes résument presque le traite-

(1) *Œuvr. compl.*, trad. Littré, v. VII, p. 65.

ment actuel des collections purulentes intra-pulmonaires.

Malgré les préceptes et l'exemple du Père de la médecine scientifique, le bistouri fait place, dans la suite, à des moyens plus anodins; on lui préfère les topiques, les fomentations, les médicaments internes les plus variés.

Dioscoride (1) prescrit l'orpiment; les Arabes et les arabistes emploient le réalgar; Schenk (2), vers 1580, n'osant créer une voie artificielle au pus renfermé dans la cavité thoracique, s'efforce de l'appeler à l'extérieur par des emplâtres et des cataplasmes.

On ne craignait donc pas d'entreprendre par un traitement externe, la guérison des collections purulentes dont on croyait pouvoir admettre des connexions avec les poumons.

Willis (3) aurait plusieurs fois observé que « in vomica pulmonis, per membranas pleurœ adnatas, humorem a cyti in fontanellam, lateri inustam, derivatum fuisse, adeoque, sputo cessante, morbum aliis incurabilem visum, tali epicraseos via sanatum esse ».

Il faut pourtant arriver jusqu'à la fin du XVIIe siècle pour voir remettre en honneur le véritable traitement chirurgical.

Purmann (4), en 1692, recommande l'incision

(1) Cité par Arjo : Th. Paris, 1877, n° 72.
(2) *Observat. méd.*, 1584, lib. II, obs. 15.
(3) *Anat. du cerveau*, 1664, chap. XII, p. 77.
(4) Cité par W. Koch : Berl. Klin. Woch. 20 avril 1874, n° 16, p. 194

dans les épanchements sanguins et les blessures de la poitrine, dans l'empyème, la vomique pulmonaire et toutes les collections purulentes intra-thoraciques capables de compromettre l'existence.

Pour Baglivus (1), le bistouri seul aura raison de la suppuration des poumons ; les médecins doivent surmonter les difficultés opératoires et reculer les limites du domaine chirurgical. Le passage suivant, si justement renommé, donne la mesure de son énergie et de sa conviction thérapeutiques.

« Phthisis ab ulcere pulmonum, vulgo pro incurabili derelinquitur, eoquia, ut aiunt, tale ulcus internum est, et occultum, nec ut alia externa ulcera modificari, et a pure abtergi potest ; sed quare non id agunt medici ut investigent ulceris situm, eoque detecto sectionem inter costas instituant, ut medicamenta introduxi possint, rationem sane non agnosco? Elapso septennio cum esse Patavii vir quidam accepit vulnus in dextra thoracis parte ad pulmonem usque penetrans; quod vulneris genus quamvis lethale fit, chirurgus tamen solertissimus sectionem inter costas fecit per longitudinem fere sex digitorum, ut situm vulnerati pulmonis detegeret ; eo digitur detecto per vulneraria siringationibus et turum dilis introducta, elapsis duobus mensibus perfecte cicatrigavit. Eamdem propemedum sedulitatem tentare deberent practitantes in curando pulmonum phthisicorum ulcere, ne tanto artis dedecore, catalogus morborum incurabilium quotidie in immensum au-

(1) *Opera omnia praxeos medicæ*. Lugduni, 1710, lib. II, cap. 11.

gescat. Doctores medici ? mentis vires assiduis cogitationibus et usu acuuntur ; socordia vero, et desperatione franguntur. »

J'ai tenu à citer longement les paroles de Baglivus, car cet auteur marque un mouvement décisif dans la voie de l'intervention armée. Il n'exécuta pas toutefois ce qu'il conseillait si vivement. L'occasion lui fit peut-être défaut

Toujours est-il que E. Barry, dès 1726 (1), recommande l'incision des cavernes pulmonaires ; dans un ouvrage publié vers 1763 (2), il rapporte même plusieurs faits dans lesquels le résultat aurait été des plus heureux.

Quelques années auparavant, de Bligny (3) avait publié un cas désespéré de phthisie pulmonaire guéri par la ponction accidentelle d'une caverne superficielle.

Boerhaave, S. Sharpe, Pouteau et divers chirurgiens de leur époque se montrent chauds partisans de l'ouverture des collections purulentes intra-thoraciques.

Boerhaave (4) dit : « Nam cognita vomica pulmonis pleura et omni ope intendum ut id rumpatur quantocyus et determinetur ad exteriora: quod fit igne, ferro, medicamentis, motu idoneo. »

Le chirurgien irlandais, S. Sharpe (5), écrivait

(1) *A treatise on the consumption of the lungs*. Dublin, 1726, p. 217.

(2) *A treatise on three different digestions*. London, 1763, p. 366.

(3) Cité par Pouteau et Bricheteau.

(4) *Aphorismes*, § 1190.

(5) *A treatise on the operations of surgery*. London, 9e édit., p. 128.

en 1769 : « S'il y a des adhérences entre les deux feuillets de la plèvre à la hauteur d'une caverne, pénétrez directement dans la cavité avec une lancette ; s'il s'établit une suppuration profuse, introduisez une mèche dans l'ouverture créée par l'incision. A la suite d'une pareille incision, nombre d'individus ont pu vivre longtemps encore avec une fistule coulante. »

Pouteau (1) prêche d'exemple.

En 1783, l'illustre chirurgien du Grand Hostel-Dieu rapporte une observation remarquable que nous résumerons plus loin, puis il s'exprime ainsi :

« Un point de douleur invariablement fixe entre deux côtes depuis le commencement de la maladie et des crachats purulents rendus par gorgées abondantes, consécutives et à des distances plus ou moins grandes suffisent pour indiquer une excavation dans la substance du poumon et la nécessité de faire au sac purulent une ouverture à sa partie la plus basse. Différer plus long temps de frayer au pus une issue entre deux côtes, c'est lui donner celui de dévaster le parenchyme du poumon à tel point que la nature ne puisse plus le rétablir après l'opération. »

Et ailleurs :

« L'abcès suffisamment ouvert et le pus évacué, les parois de cet abcès sont entièrement débarrassées des impressions de cet âcre fronçant dont la nature n'a pu se délivrer qu'à ses propres dépens ; mais il ne suffit pas que le pus ait une issue facile par l'am-

(1) *Œuv. Posth.*, 1783, t. I, p. 315.

pleur de l'ouverture et par la position de l'abcès ; il faut encore qu'il y ait dans les parois de l'abcès assez de cette force restitutive, qui travaille à remplir l'excavation faite par le pus, soit que cet ouvrage important se fasse par une vraie régénération, ou par la simple élongation des fibres cellulaires de toutes les parois de l'abcès......... »

« On peut inciser hardiment le tissu pulmonaire, et y enfoncer un trocart assez profondément pour atteindre l'abcès présumé. »

Quoi de plus net et de plus catégorique ?

Dans un travail couronné par l'Académie de Chirurgie, David (1) recommande instamment l'ouverture des abcès pulmonaires avec des adhérences pleurales : « Pour lors, il ne faut pas hésiter un moment à porter l'instrument tranchant jusque dans le foyer de l'abcès. »

On trouve dans Callisen (2) (1788) le passage suivant : « Ex ipso pulmone pus paracenthis educi potest, ubi concretus cum pleura pulmo et fluctuatio sentiri potest in tumore externo. Facta incisione et digito in pleuræ cavum immisso, abcessum fluctuantem in ipso pulmone detectum, incisum et œgrotum sanatum fuisse compertum est. »

Richerand (3), en 1812, parle de l'incision comme d'une chose qu'on ne discute plus ; il va même plus loin : si le diagnostic topographique de l'excavation

(1) *Sur les abcès*. Mém. de l'Ac. Roy. de Chirurgie, 1778, t. X, p. 31.

(2) *Systèma chir. hodiernæ*, cité par W. Koch.

(3) *Nosographie chir.*, 3e édit., 1812, t. IV, p. 194.

n'est pas assuré, on peut faire une ponction exploratrice au bistouri jusqu'à un pouce de profondeur. Il suffit que les adhérences pleurales existent au niveau de l'incision. Le même auteur cite un cas de Faye qui, en 1797, ouvrit avec succès un abcès pulmonaire.

Jaymes (1) (1813) aurait observé un fait semblable; dans une traduction allemande du traité de chirurgie de Bell, en 1805, on trouve d'après W. Koch, une note de Hebenstreit fort intéressante. Chez les sujets, dit ce dernier, où les fistules cutanées d'origine pulmonaire apparaissent, il est rare qu'une seule incision jusqu'à la caverne suffise; il faudra ordinairement plusieurs opérations.

Fernez Zang (2), vers 1818, rapporte, dans son livre, quinze observations d'ouverture de la cage thoracique; huit fois il existait une collection intrapulmonaire et sept fois elle était située entre le poumon et la plèvre. Pour lui, dans les abcès parenchymateux, il faut intervenir et inciser directement au niveau de leurs foyers.

Nasse (3) fit cette incision en 1824.

Six ans plus tard, vers 1830, Krimer (4), en France, entreprit deux opérations dont la première eut un grand retentissement.

Dans celle-ci, il voulait sectionner la plèvre et le

(1) *Journ. gén. de Méd.*, t. XLV.

(2) *Dars tellung blutiger heilkungstlerischer operationem.* Vienne, 1818, III, p. 134.

(3) *Hom's arch. f. med:* Erfahrungen, 1824, tom. II, p. 117.

(4) *Journ. compl. Sc. méd.*, 1830, t. XXXVI, p. 270.

poumon pour donner issue au contenu d'une immense caverne. Walter était d'avis de s'arrêter à la plèvre et de placer des caustiques sur elle. Krimer, arrivé sur les feuillets pleuraux, appliqua des pois à cautère et laissa le reste de l'opération aux soins de la nature. L'ouverture n'eut pas lieu, mais l'amélioration du malade fut telle que tous les symptômes de phthisie s'évanouirent. Malheureusement, au bout de six mois, l'affection reparut et entraîna la mort.

Dans le second cas, Krimer se proposait encore d'ouvrir une caverne. Les adhérences manquaient. Dès que la plèvre fut ouverte, le poumon se rétracta énergiquement vers sa racine ; on ne put le ramener vers la plaie cutanée et on suspendit l'opération. La rétraction pulmonaire exprima en quelque sorte le contenu de l'excavation et fit rendre par la bouche une grande quantité de pus. Le malade fut d'abord soulagé, puis il succomba à la suite d'une imprudence ayant déterminé une violente inflammation.

Quoi qu'il en soit, l'attention se trouvait dès lors rappelée sur le traitement chirurgical des excavations pulmonaires.

Breschet, en 1831, d'après Bouchut (1) ; Macleod, en 1836 ; Claessens, en 1839, d'après W. Koch, pratiquèrent aussi la ponction ou l'incision des cavernes.

Peu d'années après, en 1844, Hastings et Storks (2) ouvrent une vaste caverne sous la clavicule et obtiennent une grande amélioration symptomatique.

(1) *Gaz. méd. de Paris*, 1854, pp. 123, 144, 158, 172.
(2) *London Méd. Gaz.*, déc. 1844, et *Gaz. méd. de Paris*, 1845, p. 457

Cette observation fit grand bruit à son époque et souleva bien des critiques. On la trouvera plus loin.

Citons encore les noms de Herff (1844), de Collins (1855) (1), de Bricheteau (1851) (2), qui rapporte deux faits que nous relaterons en temps et lieu ; enfin, celui d'un chirurgien belge, Graux (3), de Bruxelles, qui ouvrit treize fois des excavations pulmonaires et n'obtint, du reste, aucun succès.

Jusqu'en 1855 et depuis un demi-siècle, l'intervention chirurgicale, dans les affections intra-thoraciques, avait eu constamment quelques adeptes et, par moment, une certaine vogue. De cette époque à 1873, elle retombe dans l'oubli le plus profond, dans l'abandon le plus complet.

A quoi tient le revirement qui tend à se produire en faveur d'une méthode thérapeutique délaissée depuis tant d'années ? Il faut, sans aucun doute, l'attribuer aux doctrines antiseptiques actuelles.

Dès 1873, en effet, le professeur Mosler, de Greifswald (4), se propose de désinfecter les cavernes pulmonaires et fait plusieurs tentatives sur des tuberculeux. Ses opérations ont eu certain retentissement et ses travaux ont attiré l'attention. Il a remis à l'ordre du jour la question qui nous occupe, en lui donnant même une portée plus générale.

Dans plusieurs mémoires successifs, depuis 1873 jusqu'en 1883 (5), il a produit de nouveaux faits,

(1) Indiqués par Bouchut, W. Koch, etc.

(2) *Maladies chron. de l'appareil respirat.*, 1851, pp. 260 et 264.

(3) Cité par Bouchut.

(4) *Berl. Klin. Woch.*, 27 oct. 1873, t. X, n° 43, p. 509.

(5) *Berl. Klin. Woch.*, t. XX, 17 mai 1883, p. 289.

discuté les indications et les contre-indications opératoires, tenté de régler le modus faciendi, etc.

Les études les plus considérables appartiennent ensuite, sur ce point, à W. Koch, de Dorpat, et à E. Bull, de Christiania.

M. W. Koch a publié trois mémoires importants, de 1873 à ces derniers temps. Dans l'un, il a fait un historique de la pneumotomie ; dans les autres (1), il a discuté sommairement, mais judicieusement, avec faits à l'appui, les questions qui se rattachent à cette opération.

Bull (2), depuis 1881, a produit chaque année de nouveaux travaux. Leur valeur clinique et critique, la juste notoriété qui s'attache aux publications de ce savant médecin, tout a contribué à leur donner une influence particulière sur le mouvement imprimé par Mosler et Koch à l'intervention opératoire dans certaines maladies du poumon.

Triel enfin a cité deux cas (encore inédits) au dernier Congrès de Copenhague.

Nous puiserons largement dans les écrits des auteurs allemands ; nous ferons aussi de nombreux emprunts à ceux du professeur norwégien, M. E. Bull. Ce dernier a bien voulu, à ma demande, m'adresser ses travaux sur la chirurgie pulmonaire. Je suis d'autant plus heureux de le remercier que ses quatre mémoires renferment des faits intéressants,

(1) *Arch: Klin. chir.*, 1873, p. 706, et *Deutsch méd. Woch.*, 1882, p. 440.

(2) *Nordiskt, med. ark.*, 1881, 1882, 1883, Congrès de Copenhague, août 1884.

de justes réflexions et constituent, en somme, des documents très considérables dans la question qui nous occupe.

Dans ces dernières années, divers auteurs, Douglas Powell et Lyell, Fenger et Hollister, Billington, Lauenstein, etc., etc., ont fait connaître des cas remarquables et provoqué, au sein de plusieurs sociétés savantes, des discussions instructives.

Je dois mentionner encore quelques revues critiques parues récemment dans les journaux français et étrangers. Sommaires pour la plupart, elles ont cependant attiré l'attention sur l'intervention chirurgicale dans quelques affections pulmonaires.

Les études de Cartaz, 1883 (1), du professeur Albert, 1884 (2), d'E. Martel, 1885 (3), etc., sont de ce nombre.

Celle de Cartaz a le mérite d'arriver la première ; celle de Martel, de donner une idée rapide mais complète de la question ; les autres, simples articles de vulgarisation, n'ont qu'une faible portée.

Faut-il ajouter enfin que, depuis 1883, des observations nouvelles ont été publiées en Amérique, en Allemagne, etc., et sont venues grossir la liste déjà longue des faits antérieurement connus ?

Telle est, rapidement esquissée, l'histoire de la pneumotomie depuis les temps hippocratiques jusqu'à nos jours.

(1) *Gaz. méd. Paris*, 25 oct. et 1er nov. 1884, p. 511 et 520.

(2) *Wien. méd. Press.* n°s 27 et 28, 1884.

(3) *Rev. Bibliogr. univers. des Sc. méd.* 28 févr. 1883, t. II, n° 14, p. 65.

Si nous voulons maintenant jeter un coup d'œil général sur son évolution, nous pourrons établir, à ce point de vue, trois périodes distinctes.

Dans la première, *période ancienne*, la plupart des affections pulmonaires sont confondues sous le nom de péripneumonie ; l'intervention chirurgicale est exceptionnelle.

Dans la seconde, *période moderne*, malgré les progrès du diagnostic, l'incision du poumon est dirigée essentiellement contre les cavernes tuberculeuses ; elle n'est pratiquée que par un petit nombre de médecins.

Dans la troisième enfin, *période contemporaine*, les indications de la pneumotomie, appuyées sur les ressources de la science actuelle, se précisent graduellement et prennent un caractère plus général.

§ II

La *résection du poumon* est de beaucoup postérieure à l'incision de cet organe. Tandis que la pneumotomie remonte aux premiers âges de la médecine scientifique, la pneumectomie vient à peine de naître. Alors que la première possède à son actif un nombre respectable de faits connus, la seconde n'en offre que quelques-uns. On peut dire même que la résection pulmonaire est encore essentiellement du domaine de l'expérimentation.

Th. Gluck (1), Marcus (de Jassy) (2), en 1881, ten-

(1) *Berl. klin. Woch.*, 31 oct. 1881, t. XVIII, 44, p. 645.

(2) *Soc. biol.* 19 novembre 1881 ; *Mémoires de Soc. biol.* 1881, p. 323 ; *Gaz. méd. Paris*, 1881, nº 41, t. I, p. 695.

tent heureusement l'extirpation d'une étendue plus ou moins grande des organes respiratoires. Gluck paraît avoir la priorité dans ces essais sur les animaux ; en tout cas, il a le mérite d'avoir établi le champ expérimental sur une assez vaste échelle et obtenu des résultats remarquables. Il a opéré sur des chiens, des lapins, etc., et sur le cadavre.

Block (1), en 1882, entreprend des expériences analogues ; Schmidt enfin, puis Biondi (2), en 1884, publient aussi des travaux intéressants. Le premier modifia heureusement le mode opératoire et précisa certaines notions acquises ; le second paraît avoir agi sur de larges données, mais je n'ai pu me procurer que le tableau général de ses résultats.

Les tentatives de résections pulmonaires sont peu importantes chez l'homme. Désireux de faire passer dans la clinique leurs essais de laboratoire, les auteurs précités les ont encouragées.

Kroenlein (3), Block (4), Weinlechner (5) et Ruggi (6), ont cependant rapporté chacun quelques observations de pneumectomie. Nous donnerons bientôt le détail et l'appréciation de ces faits.

(1) *Deutsch med. Woch.*, 1881, n° 47.

(2) *Giorn. internaz. delle sc. med.*, 1882, p. 759, et 1883, p. 248; *Wien. med. Jahrb.*, 1884, f. 3, p. 207.

(3) *Berl. klin. Woch.*, 3 mars 1884.

(4) Cité par Walton. *Edimburg med. journ.*, 1883, t. I, p. 469.

(5) *Deutsch med. Woch.*, 20 mai 1882, p. 587 et 620.

(6) *Deutsche mediz. Zeitung*, 183, n° 37, p. 524.

§ 3

Les *injections dans les poumons* sont contemporaines des résections de ces organes. Inspirées par les mêmes doctrines, elles devaient apparaître simultanément.

Quelques ponctions de cavernes pulmonaires suivies d'injections antiseptiques ont été pratiquées par Mosler (1872) (1) chez les tuberculeux ; Sokolowski (2) dans un cas, agit d'une façon analogue, en 1882.

W. Pepper (3), dans un mémoire très important, en 1874, puis dans une communication à l'association médicale de Philadelphie, en 1880, préconise les injections intra-parenchymateuses dans la tuberculose pulmonaire. Il discute l'action de la thérapeutique nouvelle et expose ses résultats.

Pepper employait la teinture d'iode diluée.

E. Fraenkel (4) a injecté, chez des lapins, diverses substances et noté des lésions anatomiques fugaces résultant de leur action irritante. Une seule fois et sans résultat favorable, il a fait une injection intra-pulmonaire chez un homme atteint de bronchite fétide. Beverley (5), O. Seifert (6), Marigliano (7) ont récemment agi dans un sens analogue.

(1) *Loc. cit.*
(2) Analysé par Gaillard, *in arch. gener. med.*, 1883, t. I, pp. 106-108.
(3) *Amer. journ. of. med. sc.*, oct. 1874, t. II, p. 313.
(4) *Deutsch. med. Woch.*, n° 4, 1882, p. 51.
(5) *Med. Rec. New-York*, v. 27, n° 2, january 10, 1885.
(6) *Berl. klin. Woch.*, 1883, n° 24, p. 357.
(7) *Gazz. med. ital. prov. ven.*, 1883, n° 10.

M. le professeur R. Lépine (1) vient de s'engager dans la même voie. Il s'est servi d'une forte solution alcoolique de créosote.

Nous reviendrons ailleurs sur ce point.

J'ai dû me borner, dans cet aperçu historique de la chirurgie pulmonaire, à l'indication sommaire de plusieurs travaux importants. Certains seront rappelés, d'autres assez longuement exposés. La suite de mon travail complètera les notions actuelles.

(1) *Soc. sc. méd.*, Lyon, séance du 22 avril 1885.

PREMIÈRE PARTIE

RÉSECTION PULMONAIRE OU PNEUMECTOMIE

La pneumectomie est l'extirpation méthodique d'une portion variable des organes pulmonaires. Elle sera bilatérale ou unilatérale, suivant que l'opération portera sur les deux poumons ou sur un seul; partielle ou totale, selon que l'on en fera, d'un côté, l'ablation complète ou incomplète.

La situation profonde et l'importance physiologique des organes respiratoires avaient éloigné jusqu'ici l'idée de la pneumectomie. Les ressources actuelles de la chirurgie autant que l'influence des doctrines nouvelles ont déterminé quelques tentatives dans cette voie. Divers essais ont eu lieu sur les animaux et plusieurs opérations ont été pratiquées chez l'homme.

Nous examinerons successivement les faits connus dans le domaine de l'expérimentation et dans celui de la clinique ; nous en apprécierons ensuite les résultats et la portée générale.

§ 1. EXPÉRIMENTATION

Gluck, en 1881, pratiqua la ligature d'un pédicule pulmonaire chez le chien et le lapin. La mort survint seulement dans deux cas où le lien constricteur était trop près du cœur, ou portait sur cet organe et le nerf phrénique. Encouragé par ces résultats, le même auteur fit avec succès l'ablation totale d'un poumon sur divers animaux, six chiens et quatorze lapins. Voici comment il opérait :

Après incision des parties molles suivant une ligne courbe, allant de la troisième à la sixième côte, et distante du sternum de 14 millimètres, il réséquait, par la méthode sous-périostée, les troisième, quatrième, cinquième et sixième côtes, sur une étendue de 4 à 6 centimètres chez le chien, de 6 à 10 centimètres chez le lapin. Les muscles intercostaux enlevés à ce niveau, il ouvrait la cavité pleurale parallèlement au sternum et dans toute la hauteur de la plaie. Il liait alors le pédicule pulmonaire ou attirait par traction le poumon correspondant à l'extérieur et achevait aisément l'extirpation. Il faisait avec soin la toilette de la plèvre et l'occlusion du thorax.

Les lapins, d'après Gluck, supportent admirablement les opérations précédentes ; il suffit d'agir antiseptiquement et d'instituer un traitement convenable.

La mort est survenue rarement, par péricardite ou pleurésie purulente.

On n'observe d'ordinaire ni dyspnée, ni symptôme grave.

Les parties sectionnées, vasculaires ou autres, se cicatrisent par première intention ; le pédicule tout entier participe activement au processus de réparation.

La chute de la ligature n'entraîne aucune hémorrhagie, elle ne détermine pas de thrombose cardiaque.

Non seulement Gluck a expérimenté chez les animaux, mais encore il a fait de nombreux essais sur le cadavre. Selon cet auteur, la pneumectomie est praticable chez l'homme comme sur l'animal. Il faudrait toutefois drainer avec un soin particulier les points les plus profonds, les régions les plus déclives de la cavité pleurale et assurer ainsi l'écoulement de liquides.

Gluck, en effet, ne désespère pas de voir appliquer sur le vivant ses recherches expérimentales. Il croit que certaines affections pulmonaires, abcès, gangrène, tumeurs, bronchiectasies, cavernes tuberculeuses, pourraient, dans des cas déterminés, être susceptibles d'une intervention chirurgicale.

La même année, Laborde communiquait à la Société de Biologie, au nom de Marcus (de Jassy), une note où sont consignés des résultats analogues aux précédents.

La pneumectomie unilatérale et totale a été pratiquée sur trois lapins et deux chiens. Ces derniers ont succombé prématurément : l'un, durant la narcose, par syncope ; l'autre, à la suite d'une pleurésie. Des trois lapins, le premier est mort le troisième jour ; le second, le sixième jour ; le troisième vivait encore le vingt-septième jour.

Dans les cinq cas, résection costale, toilette minutieuse de la plèvre, sutures profondes. Pas d'incident opératoire. Pas d'hyperhémie, d'œdème, de thrombose cardiaque. Plusieurs fois, dyspnée intense et subite supprimée par l'occlusion de l'ouverture pleurale.

Block, en 1882, Schmidt, Biondi, dans ces derniers temps, ont obtenu des succès plus remarquables encore.

Block a opéré sur des lapins, des chiens, des porcs et des vaches. Ces divers animaux, sains ou tuberculeux, ont, même sans anesthésie, parfaitement résisté aux mutilations pulmonaires les plus variées. Constamment il s'est formé un pneumothorax limité, de courte durée. A la suite de ces opérations, le poumon reste indemne, prend un développement extrême qui lui permet de suffire aux besoins de l'hématose.

Un procédé fort ingénieux a été mis en œuvre par Schmidt, dans la pneumectomie partielle. Après résection costale, cet auteur enfonce une aiguille courbe munie d'un fil double, en arrière de la portion à extirper, puis, liant au-dessus et au-dessous, il en produit l'ischémie. Il peut, de la sorte, opérer sans la moindre hémorrhagie, lier aisément les bronches et les vaisseaux, enfin suturer exactement au catgut les bords de la plaie pulmonaire. Les fils constricteurs sont ensuite retirés et le poumon retourne à sa place normale.

L'antisepsie n'était pas rigoureuse et cependant trois fois l'opération a été bien supportée. Cinq chiens sont morts, quatre de pleurésie purulente, un d'intoxication phéniquée ; dans deux cas, il existait de la pneumonie autour de la zone traumatisée. Jamais d'hémorrhagie consécutive.

Sur le cadavre, il n'y a pas d'adhérences pleurales, les conditions opératoires sont les mêmes que ci-dessus ; dans le cas contraire, il faut surmonter certaines difficultés, mais on obtient encore des résultats satisfaisants.

Schmidt, à l'exemple de Gluck, tire de ses recherches des indications relatives à l'intervention chirurgicale dans quelques affections pulmonaires.

Biondi a expérimenté dans le sens des auteurs précédents et produit une statistique personnelle importante. Les opérations ont porté sur divers animaux, chiens, chats, moutons, etc.

En voici le résumé :

	Opérations	Succès
Extirpation du poumon droit........	23	12
— — gauche......	34	18
— des deux sommets.......	3	3
— du lobe moyen..........	1	1
— du lobe inférieur........	1	1

Selon Biondi, les insuccès ne seraient imputables qu'au défaut ou à l'insuffisance des précautions antiseptiques, avant, pendant, ou après l'opération.

Quoi de plus éloquent ?

On ne peut le nier, les résultats obtenus par la pneumectomie expérimentale sont extrêmement remarquables. Ils autorisent certaines espérances thérapeutiques, mais il convient, toutefois, de ne point en exagérer la portée. D'une part, on ne saurait absolument conclure de l'animal à l'homme ; d'autre part, l'état morbide doit augmenter singulièrement les difficultés opératoires (adhérences, etc.).

C'est à l'observation clinique de juger en dernier ressort et de poser de véritables indications opératoires.

§ 2. — Clinique

Nous ne possédons jusqu'ici qu'un petit nombre de faits dans lesquels on ait osé pratiquer la pneumectomie sur l'homme.

Au dire de Walton, Block aurait tenté la résection des deux sommets sur une dame de sa clientèle. Le résultat fut fatal et pour la malade et pour le chirurgien. L'opérée succomba presque aussitôt, et l'opérateur, accusé d'avoir agi sur des organes sains, se trouva sous le coup d'une enquête judiciaire et se suicida.

Krönlein, de Zurich, cite deux autres faits de pneumectomie chez les tuberculeux. Dans l'un, le malade mourut le neuvième jour et, dans l'autre, au bout de quelques heures.

Ruggi, de Bologne, a fait aussi deux opérations de ce genre. Dans le premier cas, il s'agissait d'un jeune homme faible, délicat, atteint de lésions tuberculeuses du sommet gauche. La mort survint seulement le neuvième jour, par intoxication phéniquée.

La plaie pleuro-pulmonaire offrait des bourgeons charnus de bonne nature et la région cervicale un peu d'emphysème.

Dans le second cas, le sujet était un homme de trente ans, porteur de tubercules au sommet droit. Il fut impossible de détacher le poumon de la plèvre au niveau des parties malades. La mort arriva au bout de trente-six heures.

Cette opération a déterminé, dans les deux faits précédents, un abaissement marqué de la température et un bien-être relatif.

Malgré l'insuccès de la pneumectomie, l'auteur conclut qu'elle ne détermine aucun accident immédiat et qu'elle est praticable sur le vivant.

Il y a loin de ces résultats à ceux de l'expérimentation sur les animaux.

Dans la tuberculose au début, la médication ordinaire est seule acceptable ; plus tard, la généralisation du processus morbide contre indique formellement la pneumectomie. Peut-être des lésions circonscrites, superficielles, en voie d'extension menaçante, pourraient-elles autoriser l'intervention chirurgicale; mais saura-t-on les diagnostiquer ?

La résection pulmonaire, en tant que dirigée contre la tuberculose, paraît donc appelée à un médiocre avenir.

En sera-t-il de même dans les tumeurs malignes primitives ou secondaires ?

Le Dr Antony Milton, de Georgia, dit avoir enlevé les cinquième et sixième côtes qui étaient très cariées et les deux tiers de l'un des lobes du poumon droit.

Le malade vécut encore quatre mois (1). De quelle affection s'agissait-il ? Je n'ai pu le savoir.

Deux fois, dans ces dernières années, la pneumectomie partielle a été mise en œuvre pour des tumeurs secondaires.

Dans l'un de ces faits (1884), Krönlein extirpa un morceau de poumon dégénéré consécutivement à un sarcome récidivé de la paroi thoracique.

Il n'y eut aucun incident opératoire et la malade, jeune fille de dix-huit ans, guérit complètement.

Dans l'autre (1882), Weinlechner, opérant un myxochondrome volumineux du thorax, trouva le lobe moyen du poumon droit envahi sur une étendue de sept à huit centimètres. Il passa aussitôt un fil en arrière de la portion altérée, après avoir placé laborieusement une double ligature pour empêcher l'hémorrhagie, et en pratiqua l'ablation complète. Il enleva même quelques noyaux néoplasiques dans le lobe supérieur.

Le sujet mourut dans le collapsus, vingt-quatre heures après l'opération.

Il convient, autant qu'on en peut juger actuellement, de ne pas s'aventurer dans une extirpation étendue et profonde. D'un côté, le volume considérable ou la multiplicité des produits morbides impliquent une généralisation rapide ; de l'autre, les désordres occasionnés par la recherche et l'ablation complète de tous les tissus dégénérés peuvent compromettre immédiatement l'existence du sujet.

Le fait de Weinlechner mérite réflexion.

(1) H. Petit. *Rev. méd. et chir.*, 1877, p. 791.

En dehors des cas de tumeurs multiples ou volumineuses, la résection pulmonaire semble nettement indiquée. Le poumon peut supporter une action bien conduite et modérée.

La pneumectomie, dans les cas analogues à celui de Krönlein, donnera de bons résultats.

Pourra-t-on jamais l'appliquer aux tumeurs primitives? C'est, je crois, affaire de diagnostic.

L'opération elle-même n'est pas toujours facile, surtout chez les tuberculeux.

Les difficultés rencontrées, dans un cas, par Ruggi, l'ont conduit à entreprendre certaines expériences sur les animaux et sur le cadavre, dans le but de régler le modus faciendi de la pneumectomie.

Voici, en substance, ses conclusions :

La position du sujet doit être favorable à l'anesthésie et à la manœuvre chirurgicale.

L'ouverture du thorax aura lieu en avant et comprendra tout l'espace occupé par les deuxième, troisième et quatrième côtes, depuis l'articulation chondro-sternale jusqu'à la ligne axillaire. La première côte, à cause du voisinage des vaisseaux axillaires, sera généralement respectée, et la clavicule, toujours.

L'incision cutanée, à deux lambeaux, présentera la forme d'un H renversé ou, à lambeau externe, celle d'un U ; la *résection costale* est de rigueur. Elle facilitera le retrait de la paroi thoracique.

L'ablation des portions pulmonaires malades ou du poumon tout entier est pratiquée avec des instruments spéciaux ayant pour effet d'éviter l'hémorrhagie (galvano-cautère, etc.). La section du parenchyme, en amont de la région atteinte ou du hile lui-même, n'a lieu qu'après constriction ou écrasement déterminant l'hémostase.

Le traitement immédiat et consécutif doit être favorable à la rétraction du poumon, éviter l'emphysème et la rétention des produits morbides. Le drainage est nécessaire. Les sutures peuvent être employées, mais il vaut mieux s'en dispenser, panser à plat, la plaie ouverte, de façon à empêcher l'infiltration des tissus ambiants et des parois thoraciques par l'air extérieur ou pulmonaire.

Un pansement épais comprimera légèrement la plaie chirurgicale et filtrera les produits gazeux.

J'ajoute, en terminant ce chapitre, que l'ouverture large de la poitrine, comme dans les préliminaires de la pneumectomie, pourrait être utile dans certains cas d'hémorrhagies. D'après W. Koch, Hueter, P. Vogt, il serait possible d'attirer le poumon blessé à l'extérieur et de lier les vaisseaux ouverts.

Vogt (1) estime qu'on atteindrait le même but hémostatique par l'excision cunéiforme des tissus lésés et la réunion de la plaie au moyen de la suture.

Ces pensées hardies seront-elles réalisables? Espérons-le.

(1) *Communications de la clinique chirurg. de Greifswald*, 1884, et *Rev. chir.* 10 avril 1885, p. 342.

DEUXIÈME PARTIE

PNEUMOTOMIE [1] ET DRAINAGE PULMONAIRE

Tandis que la pneumectomie ne saurait trouver que de rares partisans et d'exceptionnelles indications, la pneumotomie semble devoir entrer pleinement dans la pratique chirurgicale.

Cette opération s'adresse, en effet, directement à quelques affections pulmonaires dont les produits sont excrétés imparfaitement et constituent un grave danger pour l'économie.

Quoique le poumon possède une canalisation favorable à l'expulsion de ses éléments morbides, l'issue de ces derniers est quelquefois difficile et incomplète. Il survient alors des phénomènes de rétention et des accidents septicémiques.

(1) La pneumotomie est, à proprement parler, l'incision du tissu pulmonaire. Pour les besoins de la clinique, nous y comprendrons aussi l'ouverture chirurgicale d'une cavité accidentelle communiquant avec le poumon. La pneumotomie sera donc médiate ou immédiate. Cette distinction est souvent difficile sur le vivant.

Créer une large voie d'écoulement, désinfecter les régions pulmonaires atteintes, telle est l'indication qui s'impose et que remplissent nettement la pneumotomie et le drainage.

Si le danger de l'intervention sur les poumons n'est pas excessif, pourquoi n'agirait-on pas sur eux comme sur la plupart des autres organes?

Nous avons vu que les anciens avaient répondu par l'affirmative.

Et cependant, combien leurs procédés d'investigation et leurs moyens d'action étaient peu développés à côté de ceux que nous possédons aujourd'hui !

Nos prédécesseurs ont obtenu, dans la pneumotomie, certains succès ; nous devons, grâce aux ressources de la chirurgie contemporaine, en espérer davantage.

L'incision pulmonaire s'applique, dans des circonstances déterminées, à diverses lésions des organes respiratoires ; elle devra surtout se diriger contre celles qui, abandonnées à leur évolution naturelle ou traitées seulement par la médication interne, provoquent ordinairement une terminaison funeste.

Nous ne sortirons pas du cadre de nos observations.

Le sujet de notre étude est d'ailleurs encore assez vaste. Il comprend : les abcès pulmonaires volumineux, les abcès tuberculeux, les gangrènes circonscrites, certains kystes hydatiques et quelques corps étrangers. Ces divers états morbides ne réclament pas l'intervention chirurgicale dans une égale mesure.

Tandis que les excavations résultant du sphacèle ou de la fonte phlegmasique du tissu parenchymateux ressortiront assez fréquemment de la pneumotomie, les cavernes tuberculeuses n'en retireront qu'un maigre bénéfice.

Nous aurons à déterminer, après l'examen des faits connus, les conditions favorables à cette thérapeutique, ses indications et ses contre-indications.

Nous étudierons successivement à ce point de vue :

1° Les abcès et les bronchiectasies simples ;
2° Les abcès tuberculeux ;
3° Les gangrènes pulmonaires ;
4° Les kystes hydatiques ;
5° Les corps étrangers.

CHAPITRE I

ABCÈS PULMONAIRES ET BRONCHIECTASIES SIMPLES (1)

Les abcès pulmonaires présentent ordinairement, en raison de leur siège, une gravité particulière. Ils peuvent aboutir à la résolution mais, le plus souvent, ils entraînent rapidement la mort.

Jusqu'à ces dernières années, leur traitement est resté purement médical et symptomatique :

« Une fois l'abcès formé, notre intervention ne saurait avoir prise sur une affection de cette nature, placée tout à fait en dehors de nos moyens d'action (2) ».

A peine agissait-on quelquefois lorsque l'abcès pul-

(1) La nature et le siège de la lésion, dans plusieurs observations contenues dans ce chapitre et les deux suivants, prêteraient à la critique. On pourrait se demander si quelques cavités ouvertes et réputées pulmonaires ne sont pas simplement pleurétiques. C'est même probable. J'ai préféré néanmoins, faute d'éléments suffisants de discussion, accepter dans tous les cas, le diagnostic porté. Quand des faits plus nombreux auront été publiés, on pourra se montrer plus exigeant.

(2) Trousseau et Peter. *Clinique médicale de l'Hôtel-Dieu*, 1877, t. I, p. 870.

monaire, s'ouvrant dans la cavité pleurale, déterminait l'apparition d'un pyopneumothorax. On a, de nos jours, institué une thérapeutique plus énergique, plus radicale. Suivant la voie tracée par quelques chirurgiens des siècles précédents, on tend à revenir à l'incision et au drainage.

La pneumotomie, dans les suppurations franches du parenchyme pulmonaire, compte déjà plusieurs succès; elle paraît devoir rendre, dans certains cas, des services signalés.

L'abcès du poumon présente quelquefois une marche plus ou moins aiguë et une tendance marquée à s'ouvrir à l'extérieur. Il se produit alors une tuméfaction des parois thoraciques qui commande ordinairement l'intervention chirurgicale.

En voici plusieurs exemples :

Observation I

G. Finne. *Analys. in centr. f. chir.*, n° 38, 1882

Petite fille de quatre ans. Pneumonie franche qui semble guérie au bout de quelques jours. Le cinquantième jour, il apparaît, dans le deuxième espace intercostal gauche, un abcès qui s'affaisse ou augmente de volume durant les mouvements respiratoires ; le bistouri, en pénétrant dans l'abcès, fait entendre le même bruit qu'en entrant dans la trachée. Il sort de l'air et du pus.

Petit à petit, la sécrétion purulente diminue, l'état général devient très bon. Au moment où l'observation est publiée, à peine reste-t-il une petite fistule.

Observation II

Radek. *Centralb. für Chir.*, n° 44, 1878, p. 750

Homme, quarante-quatre ans. Dyspnée intense. Deux larges abcès au voisinage du sein droit. La pression indique une communication réciproque et détermine de la toux ainsi qu'une abondante expectoration purulente.

Diagnostic : Empyème probablement sous-cutané et communiquant avec le poumon.

Incision dans la région du sein ; beaucoup de pus ; lavages phéniqués. Amélioration immédiate.

Le lendemain, douze heures après l'opération, la fièvre monte de nouveau. On constate une pleurésie gauche.

Mort vingt-neuf heures après l'intervention.

Autopsie : pas empyème, mais un très vaste abcès du lobe supérieur droit. Pleurésie gauche récente.

Observation III

Ed. Quekiss. *Wien. méd. Woch*, 1882, n° 13, p. 363

A. S..., fantassin. Bonne santé habituelle. Depuis six mois, il tousse ; il a pris froid. Traité par l'huile de foie de morue, il se rétablit complètement et devient soldat en 1881.

Il tombe malade quatre semaines après son arrivée au service et entre à l'hôpital le 29 octobre.

C'est un homme de vigueur moyenne ; pâle, détérioré. L'épaule droite est gonflée, douloureuse durant les mouvements. Les autres jointures sont saines. Au niveau de la région tuméfiée, en avant, on constate de la matité ; en arrière, au sommet, le son est « vide ».

A l'auscultation, on entend des râles fins disséminés des deux côtés ; souffle au sommet droit.

Les jours suivants, aggravation manifeste.

15 novembre. — Toute la région thoracique droite est tuméfiée ; fluctuation profonde, râles muqueux.

La fluctuation, les jours suivants, devient plus évidente, la température s'élève, l'état général empire.

On se trouve en présence d'une pneumonie du sommet avec abcès parenchymateux communiquant probablement avec celui de l'épaule.

2 décembre. — P. 130 ; T. 40°3. L'opération est décidée.

On fait une incision de 1 centimètre au niveau de la septième côte ; elle donne issue à un flot de pus jaunâtre, puis sanguinolent.

On bourre la plaie avec de la gaze iodoformée.

Amélioration immédiate. Pouls fort ; T. 38°, appétit.

Deux heures après, hémorrhagie considérable. On l'arrête par le perchlorure de fer, intus et extra, mais le malade reset très affaibli.

Deux jours après, on change le tampon de gaze iodoformée.

L'écoulement par la plaie est brunâtre et peu abondant.

L'état général est meilleur.

14 décembre. — Frisson, fièvre, soif ardente. T. 40°5 ; P. 140.

On constate un épanchement pleurétique qui s'étend jusqu'à la troisième côte droite.

Depuis quelques jours, eschare au sacrum. Les jours suivants, la température s'abaisse, l'amélioration se confirme et la fièvre disparaît.

12 janvier 1882. — Matité droite.

20 janvier. — Le sujet a bonne mine, mais la matité persiste.

Cependant l'état général paraît convenable, le poids a augmenté, les forces reviennent et on renvoie le malade dans ses foyers.

Sedgewick (1) a ouvert, sur son père, un abcès pulmonaire consécutif à un typhus. Deux fois l'opération fut suivie de succès; elle a prolongé la vie du malade.

Cet auteur ne donne, sur ce fait, aucun détail diagnostique ; on peut supposer toutefois qu'il existait quelques symptômes objectifs qui commandaient l'intervention.

Dans les observations qui précèdent, l'expectation n'était guère permise.

En admettant qu'une fistule pneumo-cutanée puisse se produire spontanément, l'incision précoce est nettement indiquée ; elle l'est encore lorsque le contenu de l'abcès pulmonaire se vide imparfaitement par les bronches.

Une ouverture large à travers les parois thoraciques, en créant au pus un écoulement facile, empêchera la résorption des produits septiques et l'infection générale de l'économie ; elle évitera également la chute habituelle de particules purulentes dans les régions saines du poumon et la production de foyers inflammatoires secondaires.

La cicatrisation de la plaie cutanée s'obtiendra généralement avec rapidité.

(1) Discussion in Roy. med. and chir. Soc. of London, *The Lancet.* 3 juillet 1880, t. II, p. 13.

Observation IV

POUTEAU. *Œuv. posth.*, 1783, t. I, p. 315

« M. Proton, âgé de trente ans, étant l'un des aumôniers du grand Hôtel-Dieu de Lyon, se trouva à la campagne en septembre 1753, lorsque sa poitrine fut assaillie par une inflammation des plus aiguës avec une violente douleur dans le côté droit ; il fut ramené dans cet hôpital le neuvième jour de cette maladie. La douleur, dont on vient de parler, étant toujours très vive, elle me parut désigner le foyer principal de cette maladie ; dès le lendemain, une expectoration abondante de crachats purulents diminua cette douleur dans le côté, à laquelle la pression du doigt avait toujours donné et donnait encore plus d'intensité ; la fièvre lente, les sueurs nocturnes remplacèrent aussitôt la fièvre d'irritation des premiers jours, et celle de suppuration qui l'avait suivie de si près.

« La douleur toujours subsistante dans le même point, l'abondance des crachats, leur qualité incontestablement purulente, et une tuméfaction à l'extérieur plus accusée que dans la peau circonvoisine, me firent penser qu'il s'était formé un sac purulent, et qu'il fallait l'ouvrir dans l'endroit si bien indiqué par cette douleur dont la place avait constamment été la même sans la moindre variation.

« M. Proton temporisa trois mois ; mais voyant qu'il dépérissait sensiblement de jour en jour, il consentit enfin à l'opération qui ne présentait rien d'équivoque ni de difficile ; je pénétrai sans peine entre les côtes jusque dans la poitrine.

« L'explosion subite de l'air, hors de cette capacité, éteignit la bougie, et le pus ne parut point du tout, mais une heure après l'application du premier appareil, il sortit avec abondance, il était blanc et de belle constitution.

« Cependant le malade allait plus mal chaque jour ; les sueurs, la diarrhée qui survint et l'abondance du pus qui sortait par la bouche et par la plaie faite à la poitrine, l'épuisaient..... »

Ayant ouï dire que le cresson avait produit des cures merveilleuses, il en mangea en abondance et guérit radicalement dans l'espace de douze jours.

Cette observation, si importante à divers titres, démontre spécialement la valeur diagnostique du siège et de l'intensité de la douleur dans les suppurations pulmonaires.

A une époque où les ressources de l'auscultation faisaient entièrement défaut, beaucoup d'opérateurs auraient reculé devant l'intervention. Heureusement pour l'abbé Proton, l'illustre chirurgien de l'Hôtel-Dieu de Lyon montra autant de science dans son diagnostic que de décision et d'habileté dans sa thérapeutique.

Il est souvent très difficile d'affirmer l'existence d'un abcès pulmonaire, d'en préciser exactement le siège et l'étendue.

Voillez, dans les poumons, établit judicieusement trois catégories d'abcès et les distingue en latents, douteux et certains. Les premiers sont reconnus à l'autopsie ; les seconds présentent des signes équivoques ; les derniers seuls peuvent être diagnostiqués sur le vivant ; ceux-ci se manifestent, en général, par des symptômes cavitaires.

Nous en rapportons plusieurs exemples.

Il se forme quelquefois simultanément un abcès dans le parenchyme pulmonaire et un épanchement pleural. La pleurésie peut devenir purulente, nécessiter l'empyème et provoquer indirectement l'ouverture de l'abcès latent.

Observation V

Rohden. *Deutsch. med. Woch.*, 1884, n° 14.

Femme, vingt ans. — Pneumonie gauche et pleurésie purulente. Empyème; drainage, lavages salyciliques. Le mauvais état général persiste. On introduit, dans la cavité pleurale, un doigt explorateur et on détermine aussitôt de la toux et une expectoration purulente et sanguinolente.

On a ouvert un abcès pulmonaire.

Continuation des lavages et guérison.

L'ouverture involontaire de l'abcès n'en est pas moins efficace.

La pneumotomie, en effet, n'est pas toujours mise en œuvre de propos délibéré. Les difficultés diagnostiques sont quelquefois insurmontables et ne permettent pas d'affirmer si la suppuration, indiquée par divers sympômes et démontrée par une ponction exploratrice intra-thoracique, siège dans la plèvre ou dans le poumon.

Peu importe, du reste, l'indication reste la même : il faut ouvrir et drainer la cavité purulente.

L'exploration consécutive, les injections détersives ultérieures, donneront bientôt des renseignements décisifs.

Le fait a été plusieurs fois observé. Nous le retrouvons dans l'observation suivante, intéressante, d'ailleurs, à d'autres points de vue.

Observation VI

Billington. *The New-York Méd. Journ.*, 1878. t. II, p. 524

Carr (James), six ans, grosse tête et cyphose ; malgré ces phénomènes rachitiques il se portait habituellement bien.

Deux mois auparavant, il avait eu une première crise, dont il n'était pas guéri. Au moment du premier examen, l'enfant est faible, maigre ; il présente de la toux et de la dyspnée.

Du côté gauche de la poitrine, matité, respiration rude au sommet ; à droite, bruits et résonnance respiratoires exagérés. La pointe du cœur est déviée à droite et située entre le sternum et la ligne mamillaire.

Il existait un épanchement, un hydrothorax du côté gauche.

L'état était grave et la mère de l'enfant l'avait cru plusieurs fois perdu.

On constate, au bout de quelques jours, un point douloureux vers le sein gauche.

Le *16 juillet*, une semaine après le premier examen, on pratique une ponction exploratrice et on retire du pus trouble.

Le *17 juillet*, on fait une incision un peu en dehors de la ligne mamelonnaire et il s'écoule douze onces de pus. Quelques consultants voulaient introduire un tube dans la poitrine, mais d'autres craignaient pour la plèvre et le poumon.

On se contenta de recouvrir simplement la plaie.

Le lendemain, lavages de la cavité.

Les jours suivants, la plaie s'étant fermée, on dut la rouvrir ; on fit de nouvelles injections et on plaça une tente d'étoupe pour maintenir l'orifice béant. On constata une amélioration notable. Toutefois, le 19, l'injection avait produit une certaine irritation et un peu de toux.

Quand le liquide était poussé en assez grande quantité et avec une certaine force, il sortait à la fois par la bouche et par la plaie et démontrait une communication notable de la plèvre et du poumon.

20 juillet. — L'enfant a rendu un caillot sanguinolent ; en retirant la tente, on trouve, en effet, quelques caillots et beaucoup de pus. Il semble que les injections ont rompu quelques adhérences ou travées vasculaires. On suspend les injections.

L'amélioration continue.

22 juillet. — Insomnie, anorexie, toux, fièvre élevée.

La plaie est très petite. P. 168. R. 54. T. 101, 3. F.

On voulut pratiquer une contre-ouverture, mais on ne put y parvenir, car la paroi thoracique était déprimée et les côtes chevauchaient. L'excavation pulmonaire augmentait.

29 juillet. — Pendant une injection, le petit malade éprouve une sensation subite d'asphyxie et s'évanouit ; les yeux étaient ternes, le pouls arrêté ; on le crut mort.

La respiration artificielle finit par le ranimer.

Les jours suivants, il alla mieux et on modéra les injections.

Le *5 août*, l'enfant était mal ; il avait du délire, les extrémités froides, etc. : il paraissait en pleine septicémie. Un stylet, introduit dans la plaie, amène du pus ; on fait de nouveaux lavages et le sujet, qui était sans connaissance, revient à lui. Un cathéter flexible fut insinué dans la poitrine et permit de constater deux cavités : l'une pleurale, à liquide clair ; l'autre, pulmonaire, à liquide purulent. On plaça une canule, d'abord tolérée, puis insupportable. L'écoulement étant assuré, la quantité de liquide diminue rapidement et permet de laisser la canule à peine quelques heures par jour.

Vers le *15 août*, l'état du sujet était très satisfaisant.

Du *15 au 26 août*, on fit des injections seulement tous les deux jours. Le liquide sortait clair, mais le stylet s'enfonçait toujours à quatre ou cinq travers de doigt dans la poitrine.

En peu de jours, néanmoins, la plaie se ferma et la guérison fut complète.

Le *27 septembre*, Billington rencontra le petit malade ; il jouait dans la rue.

Le diagnostic de l'excavation pulmonaire a été fait postérieurement à l'incision thoracique, par l'issue, à travers la bouche, des liquides injectés dans la poitrine.

L'absence de drainage immédiat a déterminé des phénomènes septicémiques qui ont failli provoquer la mort. Pourquoi ne pas assurer l'écoulement des produits purulents par un large drain? Pourquoi ne pas faire la résection costale nécessaire à une contre-ouverture?

Malgré l'insuffisance de l'opération, celle-ci a sauvé manifestement le malade ; c'est un des plus beaux succès de l'intervention chirurgicale.

L'observation suivante, dans laquelle la mort est survenue, comporte des enseignements d'un ordre différent.

Observation VII

Douglas Powell and Lyell. *The Lancet*, juillet 1880, t. II, p. 12

Homme, quarante-neuf ans. Bonne santé habituelle ; excès alcooliques.

En décembre 1878, bronchite ; en février 1879, pleuro-pneumonie avec expectoration fétide. Amélioration puis rechute en juillet. En août, il rentre à Middlesex Hospital, service de Powell. Diarrhée, anorexie, fièvre hectique, expectoration muco-purulente, fétide, atteignant une pinte par vingt-quatre heures. Excavation centrale du lobe supérieur droit; les signes cavitaires sont surtout marqués au niveau de la septième vertèbre dorsale, en dedans du bord spinal de l'omoplate.

Le *11 septembre*, Lyell incise au bistouri les tissus cutanés et musculaires, jusqu'à la membrane intercostale, vers le huitième espace en arrière, puis il enfonça un trocart moyen, agrandit l'ouverture et introduit un large tube à drainage.

Pas d'hémorrhagie sérieuse; écoulement liquide insignifiant.

On couvre la plaie avec des linges phéniqués. La toux et l'expectoration cessent entièrement. Pansement quotidien sous le spray et lavage avec solution désinfectante de Condy.

L'écoulement se fait mal et, le 2 octobre, la fétidité reparaît.

Les jours suivants, l'orifice se rétrécit et on doit l'agrandir pour réintroduire le drain.

Vers la fin du mois, la fétidité est très marquée. Le malade s'affaiblit beaucoup; il survient une pleuro-pneumonie gauche qui entraîne la mort le 31 octobre, quarante jours après l'opération.

Autopsie. — Le lobe supérieur droit présente plusieurs cavités communicantes, le drain est dans l'une d'entre elles; celle-ci, presque oblitérée, se relie à la principale par un étroit canal. Le reste du lobe est induré. A gauche, bronchopneumonie, épanchement.

Chose relativement rare, l'abcès pulmonaire siégeait à la base. Malgré une ponction exploratrice, le diagnostic était incomplet; l'excavation la plus importante ne pouvait se vider facilement, car elle ne communiquait avec le drain que par un étroit conduit. La pleuropneumonie gauche est-elle la conséquence de cette rétention? Malgré la mort du sujet, la diminution de la toux et de l'expectoration est encourageante. L'état lui-même de la caverne drainée est assez significatif; sa cavité se serait rétrécie et se serait comblée probablement plus tard, si l'étendue des lésions n'avait mis un terme au processus réparateur.

Douglas Powell et Lyell ont, en effet, opéré trop tard. Comme ils le reconnaissent eux-mêmes, il faut intervenir avant que les forces du sujet soient trop amoindries. On doit agir, ainsi que nous le verrons, non dans la période aiguë, mais dès que, la guérison n'arrivant pas, l'état général s'aggrave notablement. Dans ces conditions, on obtiendra souvent un résultat satisfaisant.

Observation VIII

R.-S. Sutton : *Chicago med. Review*, 5 mars 1881, p. 112

Homme, trente-quatre ans, très robuste auparavant; très émacié actuellement. Il y a cinq ans, il avait eu une pneumonie dont il s'était toujours ressenti; deux ans après, trois hémoptysies; enfin, un an plus tard encore, une pleurésie gauche.

Au moment du premier examen, la voix est rauque; beaucoup de toux; pouls rapide, fièvre et expectoration abondante. Le poumon droit est sain. Du côté gauche, on constate l'absence du murmure vésiculaire, du gargouillement et un bruit métallique par la succussion durant le décubitus. Dans cette position, la toux s'exaspère, l'expectoration augmente, il apparaît une odeur repoussante.

Ponction exploratrice donne du pus fétide; on enfonce un bistouri dans le sixième espace intercostal et on voit s'échapper avec force une matière purulente infecte. Introduction d'un gros cathéter de Nélaton et lavages phéniqués chauds. Les irrigations quodidiennes améliorent le sujet. Celui-ci se trouvait bien, se levait, semblait assuré de la guérison quand il mourut subitement le trente-unième jour.

Autopsie. — Vaste abcès du lobe supérieur gauche, adhérences complètes.

Le malade était peut-être tuberculeux ; il offrait, en tout cas, des lésions suspectes. Malgré cela, l'amélioration consécutive à l'opération a paru si considérable, qu'on regardait la guérison définitive comme certaine. C'est presque un succès.

Notons, en passant, l'emploi de liquides tièdes ou chauds dans les injections détersives.

Dans la plupart des faits publiés, ce détail important n'est pas consigné ; il paraît offrir cependant quelque importance.

Généralement, l'intervention chirurgicale a été appliquée pour des lésions facilement abordables, à la base ou vers le milieu des régions pulmonaires. On peut agir toutefois en des points différents, même aux sommets. Il suffit de manœuvrer avec prudence et d'éviter les organes vasculaires des fosses sus et sous-épineuses pour conjurer tout accident. L'observation de Lauenstein en est un exemple remarquable.

Observation IX

Car Laurnstein. *Centralbl. für chirurg.*, 1884, n° 18, p. 290.

U..., matelot, trente-sept ans. Pas d'antécédents héréditaires ; bonne santé habituelle. Il tousse depuis un an et demi, mais n'a quitté son travail que depuis quelques jours à peine.

Au moment de son entrée, il a ressenti des frissons et des points de côté; il est cyanosé, tousse et crache beaucoup. La poitrine est bien développée. Le sommet droit, en avant et en arrière, jusque vers la troisième côte, est tympanique; il présente un souffle amphorique et un tintement métallique nets. Quelques râles ronflants sont disséminés à droite et à gauche; partout, la respiration est rude, l'expiration prolongée.

Cœur et foie normaux ; pas d'albumine dans l'urine.

L'anorexie est très marquée; l'haleine, fétide.

Expectoration quotidienne : 300 c. c. environ ; les crachats renferment du pus, des cellules épithéliales pulmonaires, des fibres élastiques, mais pas de bacilles.

T. 38°8 à 39° ; P. 108-136 ; R. 30-44.

Diagnostic : une ou plusieurs cavernes du sommet droit.

Le malade, entré le 6 mars 1883, n'est pas amélioré par un traitement interne et le masque de Curschmann. Sa vigueur, l'absence d'antécédents spécifiques le rendent favorable à une intervention chirurgicale.

10 mars. — Ponction exploratrice dans le deuxième espace droit; ni liquide, ni gaz ; la canule était bouchée. Aucun accident consécutif.

11 mars. — Nouvelle ponction. Il sort un peu de liquide renfermant quelques globules purulents et des cellules pulmonaires altérées.

12 mars. — Sous anesthésie et avec précautions antiseptiques minutieuses, incision de 7 à 8 centimètres sur la deuxième côte, parallèlement à elle et répondant à son milieu. Résection de près de 4 centimètres. Un trocart, plongé en haut et en arrière, ne donne issue à aucun liquide ; une pince dilatatrice est insinuée à la place du trocart, puis on enfonce le doigt. On aboutit ainsi dans une cavité circonscrite par un tissu dense et traversée verticalement par un cordon résistant. Au moment de la section de la couche postérieure du périoste costal, il s'échappe des bulles d'air et du sang spumeux.

L'aiguille exploratrice n'ayant présenté aucune oscillation au moment des mouvements respiratoires, on pouvait compter sur des adhérences pleurales. En effet, il ne s'est pas produit de pneumo-thorax.

L'opération terminée, on lave à l'acide salycilique et on introduit un drain du volume de l'index et d'une longueur de 9 centimètres et demi ; on recouvre le tout d'un vaste pansement listérien.

Au réveil et durant une demi-journée, expectoration répétée de liquides rougeâtres, sanglants.

14 mars. — Expectoration diminuée de moitié ; pansement souillé.

16 mars. — Pansement sous le spray ; le protective est noirâtre, la gaze salie ; le tube, obstrué, est remplacé par un autre. Pas d'inflammation ni d'hémoptysie ; urine phéniquée.

18 mars. — Sécrétion putride abondante. Le drain enlevé, on fait de larges lavages salycilés qui entraînent beaucoup de liquides purulents et fétides, et provoquent un peu de toux. On remet un drain en haut et en arrière.

Pansement de la plaie avec poudre iodoformée et boratée (un sur cinq) fait disparaître la mauvaise odeur.

A partir du *23 mars*, la température s'élève une seule fois au-dessus de 39° et une autre au-dessus de 38°.

Le *29 mars*, on constate une grande amélioration de l'état général ; l'expectoration est encore purulente mais sans odeur, et atteint à peine de 80 à 100 c. c. ; la plaie offre le meilleur aspect ; le malade se lève. Il expectore à plusieurs reprises quelques liquides rougeâtres.

A partir du *5 avril*, l'apyrexie est complète.

Le *14*, on raccourcit le drain, puis on le retire ; le *28*, la plaie est parfaitement cicatrisée.

Le malade sort peu après ; il crache moins ; les signes amphoriques et catarrhaux ont disparu.

L'été s'écoule dans un état de santé satisfaisant.

Vers le *26 septembre 1883*, les phénomènes antérieurs à

l'opération reparaissent. On constate encore, dans la région axillaire droite, des signes d'induration.

Au commencement d'octobre, la cicatrice se rompt et donne issue à une grande quantité de pus. L'état général s'amende et, le *30 courant*, la fistule se ferme. Pas de bacilles.

Le *6 novembre*, expectoration muco-purulente modérée, état général relativement bon. Au sommet droit, râles disséminés, obscurité respiratoire.

Le *15*, la santé est satisfaisante et le malade quitte de nouveau l'hôpital.

Le *15 mars 1884*, un peu plus d'un an après l'opération, on le revoit. Il est gras et bien portant. La cicatrice est solide, l'expectoration modérée, inodore. Le sommet gauche est normal, le sommet droit offre une respiration rude, sans râles métalliques ; à un travers de doigt au-dessous de la troisième côte, cette respiration est irrégulière aux deux temps ; le reste du poumon respire bien.

J'ai relaté cette observation presque *in extenso* à cause de sa valeur exceptionnelle. Je n'y reviendrai pas. Je soulignerai seulement deux ou trois points particulièrement intéressants.

Lauenstein a eu le soin de ne pas rompre la bride verticale qui traversait la caverne et il a eu raison ; elle pouvait être vasculaire et donner lieu à une hémorrhagie fâcheuse. Le plus souvent les vaisseaux, dans ces conditions, sont oblitérés ; mais ils peuvent ne pas l'être ; il vaut mieux les respecter.

Il paraît s'être produit une légère intoxication phéniquée. Il faut se mettre en garde contre ces accidents, car le poumon, très riche en lymphatiques, est un agent d'absorption extrêmement actif.

On notera enfin que la cicatrisation de la plaie

thoracique a été trop hâtive puisque celle-ci s'est ouverte spontanément pour donner issue à du pus collecté en arrière. Il est donc sage de ne retirer les drains que tardivement et lorsque l'écoulement morbide a complètement cessé. Le fait de Lauenstein est peut-être le premier où une intervention large et méthodique ait été tentée au sommet d'un poumon.

La plupart des autres en ont été observés à la base, quelques-uns enfin, dans un point intermédiaire.

Observation X

KACZOROWSKY. *Deutsch med. Woch.*, 1883, n° 29

Affection localisée du poumon gauche ; dilatation bronchique ou bien empyème vidé par les bronches. Incision et résection de la 6e côte. Le doigt pénètre dans une vaste cavité. Drain, lavages salyciliques. Amélioration rapide ; la fétidité des crachats, grande jusque là, disparait. Quinze jours après l'opération, la fièvre tombe. La malade est en voie de guérison, elle est perdue de vue.

Albert (1) a ouvert au thermo-cautère une cavité bronchiectasique. Pas d'accident. On ne connaît pas de détails.

Dans la discussion qui suivit la communication d'un fait de Biss, à la société de Londres, Godlee et Broadbent produisirent deux observations ; la première est très sommaire, la seconde est rapportée avec plus de détails. Elles viennent à l'appui de l'intervention.

(1) *Centralb, f. chir.*, 1881, n° 48, p. 766.

Observation XI

GODLEE. *Soc. Roy. med. and chir. Soc. London*, 31 mai 1884

Malade de Bastian à The University College Hospital. Petite excavation résultant, sans doute, d'une pneumonie. On l'ouvrit facilement et avec succès.

Observation XII

BROADBENT. *S. Roy. med. and chir. Soc. London*, 31 mai 1874

Officier des Indes occidentales. Arrivé en Amérique durant la saison froide, il avait pris froid. Plus tard, une pneumonie le mit en danger de mort. Il se forma à la base du poumon gauche, une excavation par où s'écoulait constamment du pus fétide. La situation du malade était désespérée, On fit une incision et il s'écoula une grande quantité de pus.

Diminution de la toux, fièvre persistante; une nouvelle exploration est décidée; mais après une issue accidentelle de liquide purulent, il se produisit une grande amélioration et le malade sembla se rétablir; malheureusement, il n'écouta pas le conseil qu'on lui donnait, il quitta le pays et mourut peu après.

Les collections purulentes siégeant à la base du poumon, comme chez le malade de Broadbent, sont probablement plus graves que celles situées au sommet ou vers la partie moyenne. Elles se vident avec peine et constituent de véritables clapiers, source intarrissable d'infection pour le patient.

Une fièvre intense en est ordinairement la conséquence ; l'hecticité survient et, avec elle, une déchéance organique rapide.

Dans de telles conditions, il semble que l'intervention chirurgicale soit particulièrement indiquée. Elle a donné, plusieurs fois, d'excellents résultats.

Observation XIII

PRIDGIN TEALE. *The Lancet*, 5 juillet 1884, t. I, p. 6

Homme, quarante-quatre ans. En décembre 1880, frissons, nausées, vomissements, douleur vers la région hépatique. Pas de toux ; aucun signe d'affection pulmonaire; amaigrissement.

En février 1881, on constate de la matité dans la moitié inférieure du poumon droit. Le 1er mars, on reconnaît un épanchement pleural siégeant à la base droite. Une ponction exploratrice dans cette région donne issue à quelques gouttes de liquide jaunâtre ; l'aspiration ramène une goutte de pus. Une nouvelle ponction, au-dessus de la précédente, donne du pus grisâtre et l'aspiration, une pinte entière ; on reconnut ainsi une double cavité et on décida d'intervenir.

Le *16 mars*, l'état du malade s'aggrave, l'expectoration est fétide. La poitrine est plus mobile. A droite, on constate de la matité depuis la région hépatique jusque vers la cinquième côte, en avant ; elle diminue en arrière et contourne l'aisselle. Dans le décubitus, on note le déplacement de la matité, un bruit de pot fêlé et un silence respiratoire presque complet; pas de râles. Rien à gauche.

Ponction avec un trocart au-dessus et un peu en avant de l'angle de l'omoplate; on retire une pleine seringue de pus fétide.

Incision de la paroi thoracique sans anesthésie ; ouverture de la plèvre ; un peu de sérum s'écoule, pas de pus. Le doigt, introduit dans la poitrine, découvre le poumon sur une faible étendue. La surface pleurale est irrégulière et présente quelques adhérences facilement rompues; le poumon est induré, pâteux, dépourvu d'élasticité et de crépitation.

Le trocart, enfoncé dans le parenchyme, donne issue à du pus; l'introduction du doigt dans la profondeur fait sortir deux pintes de liquide purulent excessivement fétide. On met un gros drain, long de six travers de doigt, on fait des lavages phéniqués faibles et l'on applique un pansement.

Durant trois semaines, des lavages phéniqués ou iodés furent pratiqués avec soin, d'abord trois fois par jour, puis plus rarement. L'écoulement était toujours abondant, mais moins fétide. A peine survint-il une fois de l'expectoration purulente et quelques sensations de suffocation pendant les lavages.

Cependant, durant plusieurs mois, l'état du sujet resta critique. Les vomissements, le délire, les sueurs profuses, la fièvre hectique témoignaient d'une résorption septique alarmante. Après une forte diarrhée, il survint une certaine amélioration. A partir de ce moment, l'appétit reparut et l'écoulement diminua. Le tube dut être raccourci de 1 à 2 centimètres chaque mois; on l'enleva entièrement vers le 24 août. Peu après, la cicatrisation était complète.

Un an environ après le début de sa maladie, neuf mois après l'incision thoracique, le sujet se livrait à sa profession de « sollicitor ».

Il prit du poids et de l'embonpoint.

Le *6 juin 1884*, on revoit le malade et on note ce qui suit :

La région opérée présente un peu moins de sonorité et une diminution de la respiration; le périmètre thoracique droit est légèrement inférieur au périmètre gauche. Il n'existe aucune douleur, aucun trouble respiratoire; la santé est parfaite.

Malgré des succès incontestables, l'opération est quelquefois incertaine.

Trop souvent, en effet, le diagnostic est indécis.

La ponction même ne saurait lever tous les doutes touchant le siège et l'étendue des excavations.

On connaît les faits de Powel, de Kaczorowsky ; Bull, à plusieurs reprises, a dû rester dans le doute ou n'a pu rencontrer la caverne diagnostiquée.

Tantôt, il a trouvé un pneumothorax limité, tantôt il n'existait que des bronchiectasies de petites dimensions. Pour ce savant médecin, l'insuffisance de la diagnose est un des plus grands obstacles à la pratique ordinaire de la pneumotomie.

Observation XIV

E. Bull. *Nord. med. arkiv.*, 1883, bind XV, n° 7, 17

M. H..., cantonnier, vingt-cinq ans. Toux intermittente et affection pulmonaire depuis sept ans. Il y a vingt mois, pleurésie sèche à droite. Depuis neuf mois, toux considérable, expectoration abondante.

A son entrée, le *22 novembre 1882*, le côté droit de la poitrine est rétréci, sa partie inférieure immobile. Bronchite diffuse, frottements pleuraux à la base gauche. A droite et en arrière, au-dessous de l'angle de l'omoplate, matité, silence respiratoire, absence des vibrations. Une ponction aspiratrice donne issue, en cette région, à du liquide séro-purulent. Fièvre légère. Albumine dans les urines.

Après l'expectoration de 200 grammes environ de liquides fétides, on constate, le *24 novembre*, au-dessous de l'angle du scapulum, une sonorité tympanique, du souffle caverneux et de gros râles.

Diagnostic : Bronchiectasies multiples, grande caverne, pneumonie interstitielle et adhérences pleurales à la base droite.

Le 25 *novembre*, après chloroformisation, incision du neuvième espace intercostal, en dehors de la ligne angulaire; avec le thermo et le doigt, on pénètre dans le poumon, mais on ne trouve pas de caverne étendue. Issue de gaz fétides et hémorrhagie par la plaie. Tamponnement. Le soir, on enlève le tampon et on place un drain.

La fistule a 8 centimètres de profondeur.

Pas d'amélioration générale, pas de diminution de crachats. Les signes sthéthoscopiques restent les mêmes.

Plusieurs ponctions exploratrices, faites en diverses directions, ne donnent aucun résultat.

Les jours suivants, écoulement séro-purulent contiuuel à travers la plaie.

Vers le milieu de décembre, œdème des pieds, thrombose du membre inférieur droit, collapsus. Mort le 22.

Autopsie. — Pleurésie et bronchiectosie gauche; emphysème et infiltration légère.

A droite, adhérences pleurales; fausses membranes récentes et peu solides en avant, à l'union des lobes inférieur et moyen. La plaie conduit, à travers un petit canal, jusque dans une bronche dilatée. Il existe en ce point, à la base pulmonaire, plusieurs bronchiectasies réticulées, pas de grande caverne. Pneumonie interstitielle; pas de dégénérescence amyloïde des organes.

Jusqu'ici les accidents opératoires ou autres ont paru peu nombreux. La mort, quand elle est survenue, a été la conséquence de la marche de la maladie, de l'affaiblissement général antérieur à l'intervention.

Il peut, cependant, apparaître diverses complications pendant ou après l'opération.

L'hémorrhagie, à la suite de la section des feuillets pleuraux, donna, dans un cas, de sérieuses inquiétudes. Le plus souvent, les injections de perchlorure de fer arrêteront l'écoulement sanguin ; si elles ne suffisaient pas à l'hémostase, on aurait recours au tamponnement.

Observation XV

Payne. *The Lancet*, 15 avril 1882, t. I, p. 601

S. A., vingt-trois ans, entre le 22 juin dans le service d'Hamilton. Pas d'antécédents héréditaires ou de maladie antérieure. Il n'offre pas de traces de diathèse et paraît de saine et vigoureuse constitution.

En *février 1881*, il avait ressenti des frissons, des points de côté, de la fièvre. On l'avait soigné pour une pleurésie, puis il était retourné à son travail.

Au mois d'avril, le sujet remarque que sa respiration était gênée, courte ; il toussait un peu et présenta deux hémoptysies.

Le *22 juin*, on constate une pleurésie gauche.

Le *20 août*, matité absolue à la base gauche, voussure, absence de murmure vésiculaire ; peu de toux, expectoration insignifiante ; sueurs nocturnes. T. 100, P. 100.

La matité cardiaque se continue avec la matité pleurale ; on ne sent pas la pointe du cœur.

23 août, ponction exploratrice amène du pus.

On fait alors une incision de deux doigts dans le sixième espace intercostal sur la partie antérieure de la ligne axillaire. La section du feuillet pleural donne lieu à une hémorrhagie veineuse abondante qu'on arrête par une injection de perchlorure de fer.

Le doigt introduit dans la cavité rompt des adhérences nombreuses. Il s'écoule environ cinq onces de pus et la matité disparaît.

On place un drain et on applique un pansement.

L'opération occasionna un certain bien-être chez le malade et le sommeil reparut.

L'écoulement devint bientôt abondant ; cependant l'amélioration ne s'affirma pas. L'expectoration était rougeâtre, le pouls fort, la toux intense, la température vers 100° F.

Le *29 août*, la fièvre atteignit 103°, 4, l'état général s'aggrava subitement et la mort survint le lendemain.

Autopsie. — Pas de liquide ; adhérence du côté gauche, en avant et en arrière. L'ouverture extérieure conduit dans une excavation pulmonaire centrale, vaste, irrégulière. Les portions péricavitaires sont hépatisées. Le poumon droit est con gestionné et le cœur flasque. Les autres organes sont sains.

L'absence d'adhérences pleurales dans la pneumotomie est une complication bien autrement fâcheuse qu'une légère hémorrhagie. Le diagnostic n'en est pas toujours possible.

On est exposé, dans ce cas, à la production d'un pyopneumothorax redoutable. On ne doit passer outre que dans des circonstances exceptionnelles ; il vaut mieux essayer, par tous les moyens classiques, de provoquer l'adhésion des feuillets pleuraux.

Dans l'observation ci-dessous, un tel accident survint et fit suspendre l'opération, au moins momentanément.

Observation XVI

GODLEE. *S. Roy. med. and chir. Society*, 27 mai, *et Med. Times*, 31 mai 1884, t. I, p. 747

Malade de Biss, soigné à Brompton Hospital. On croyait à l'existence de deux cavités distinctes. Les signes physiqnes ne laissaient aucun doute ; la rétraction des parois et l'ancienneté de la maladie permettaient de penser qu'il existait des adhérences pleurales.

Une première ponction à la base ne donne aucun résultat ; une deuxième, en haut de l'aisselle, semble avoir atteint une excavation.

Résection d'un fragment costal. On voit alors qu'il n'existe que de faibles adhérences des feuillets de la plèvre. Le poumon est fixé à l'orifice extérieur de celle-ci ; on attend quinze jours, puis on pratique des ponctions pour provoquer l'adhésion, mais on ne peut l'obtenir.

Le malade rendit, par la toux, beaucoup de matières fétides, ce qui démontre une excavation. L'état du sujet n'étant pas amélioré, il est probable qu'on pourra tenter de nouveaux essais.

Les accidents consécutifs à l'incision du poumon sont ceux qui peuvent suivre toute opération grave. Les phénomènes infectieux sont même plus difficilement conjurés qu'en d'autres régions, car l'antiseptie est d'une application difficile.

On a observé des symptômes septicémiques, et, une fois, des abcès secondaires ; on peut les rapporter vraisemblablement à des embolies.

Ainsi qu'on va le voir, en effet, ces abcès sont limités à un seul organe, le cerveau

Observation XVII

Biss et Marshall. *Méd. Times*, 31 mai 1884, t. I, p. 747

Homme, trente-deux ans. Pas d'antécédents héréditaires ni d'affection pulmonaire antérieure. Toux et expectoration profuse il y a six mois.

A son entrée, on constate, à la base postérieure droite, de la matité remontant vers l'épine de l'omoplate avec silence respiratoire et abolition des vibrations. Le cœur bat à près de deux doigts en dehors du mamelon.

Diagnostic : Epanchement pleural et abcès de la base du poumon droit.

Une première ponction exploratrice reste sans effet.

On observe des frottements vagues au niveau de la région mate, de la respiration caverneuse, du retentissement vocal ainsi que de la fièvre et une hecticité marquée.

Au bout de quinze jours, nouvelle ponction exploratrice. Pas de résultat. Il semble cependant qu'il existe des adhérences pleurales en ce point. Le mauvais état général persistant, Marshall fait une incision de deux doigts entre la dixième et la onzième côtes et découvre la plèvre.

Un trocart, plongé à quatre doigts de profondeur, donne issue à des bouffées d'air fétide et à des liquides sanguinolents.

Tamponnement provisoire de la plaie et de la cavité.

Le lendemain, un drain est introduit, et il s'écoule librement des matières puriformes. L'amélioration symptomatique fut considérable, mais non complète.

Au bout de dix jours, des phénomènes cérébraux se manifestèrent et un peu plus d'une semaine après, le sujet succomba.

Jamais de bacilles dans les crachats.

Autopsie. — Cavités bronchiectasiques nombreuses; le drain est dans la principale. Le poumon droit est envahi par du tissu fibreux et très rétracté. Le gauche paraît absolument sain; pas de tubercules. Le cerveau offre deux abcès. Les autres organes sont indemnes de toute altération.

Il est enfin une condition spéciale qui, dans certains cas, compromettra le succès définitif de la pneumotomie : je veux parler de lésions viscérales préexistant à l'intervention et surtout de la dégénérescence graisseuse et amyloïde.

Pour Bull (1), cette dégénérescence est souvent une contre-indication formelle à l'intervention, car elle diminue singulièrement la résistance organique.

Il faudra donc examiner attentivement les divers organes, reins, foie, etc. Malheureusement, les lésions de ces derniers seront souvent méconnues, au moins dans leur intensité ou leur étendue. On les constatera seulement à l'autopsie.

C'est ce qui explique l'insuccès dans le cas de W. Koch et dans le suivant. Malgré une intervention très énergique, la mort ne tarda pas à survenir.

Observation XXVIII

W. Koch. *Deutch. med. Woch.*, 1882, n° 32, p. 440

K..., femme, vingt-quatre ans. Plusieurs pneumonies en bas âge; typhus vers quinze ans. En 1878, elle aurait été atteinte d'une néphrite avec ictère, expectoration abondante et fétide.

Elle entre à l'hôpital le 13 juillet 1882. Elle est faible et amaigrie. Anorexie complète, circulation peu énergique, dyspnée, ictère intense, expectoration liquide, fétide, atteignant de 800 à 1.000 c c. par jour.

La poitrine, du côté droit, est mate à partir de la cinquième côte et au-dessous ; entre les cinquième et septième, en avant; sous l'omoplate, en arrière. La respiration est bruyante, amphorique, avec retentissement métallique.

Le *15 juillet 1882*, on réséque quatre pouces de la

(1) *Congrès de Copenhague*, août 1884.

sixième côte. Le thermo-cautère, enfoncé dans le poumon, et de la région axillaire vers le côté correspondant du péricarde, pénètre dans une excavation ; celle-ci offre le volume du poing et de nombreux tractus fibreux dans son intérieur ; sa paroi inférieure repose sur le diaphragme.

Le thermo détruit toutes les brides intérieures.

Des aiguilles de Pravaz, introduites dans la caverne, et dirigées en arrière et en haut dans le parenchyme pulmonaire, donnent issue, par aspiration, à des produits fétides. Le cautère est enfoncé dans le sens des aiguilles exploratrices et aboutit dans une cavité immense, du volume d'une tête d'enfant. Il s'écoule environ un litre de matières putrides. Trois gros drains sont introduits dans la profondeur et des lavages au thymol, pratiqués.

L'expectoration disparaît aussitôt ; mais, peu après l'opération, le collapsus survient et persiste jusqu'à la mort, le 22 juillet.

Autopsie. — Le trajet qu'a tracé le thermo-cautère présente des granulations bourgeonnantes. On trouve : une phlébite de la veine-porte ; des lésions de broncho-pneumonie dans le lobe inférieur gauche, autour d'un corps étranger ; des signes de septicémie chronique d'origine antérieure à l'opération : une dégénérescence graisseuse de la plupart des organes viscéraux.

Tels sont les faits connus, en dehors d'un cas de Berkeley Hill et de deux autres de Symes Thompson, trop vagues pour être cités. Je les rappelle ci-dessous, car leur étude générale offre un certain intérêt.

APERÇU GÉNÉRAL DES OBSERVATIONS PRÉCÉDENTES

Numéros	AUTEURS	DATES	AGE des sujets	DÉBUT de maladie	SIÈGE des lésions	DURÉE post-opératoire	RÉSULTATS
1	Pouteau.......	1783	30	[illegible] mois	côté droit	3 mois 1/2	guérison
2	Radek.........	1878	44	?	sommet droit	29 heures	mort
3	Billington	1878	6	2 mois	base gauche	2 mois	guérison
4	Sedgewick	1879	?	?	?	?	amélioration
5	Sutton	1879	34	5 ans	sommet gauche	31 jours	mort
6	D. Powel-Lyell.	1880	49	20 mois	sommet droit	40 jours	mort
7	Teale	1881	44	3 mois	base droite	9 mois	guérison
8	Payne.........	1881	23	6 mois	base gauche	3 jours	mort
9	Albert	1881	?	?	?	?	?
10	Finne.........	1882	4	2 mois 1/2	sommet gauche	?	voie guérison
11	Kaczorowski...	1882	11	2 mois	côté gauche	1 mois	voie guérison
12	W. Koch	1882	24	?	base droite	7 jours	mort
13	Lauenstein	1883	37	18 mois	sommet droit	2 mois	voie guérison
14	Bull..........	1883	25	7 ans	base droite	1 mois	mort
15	Biss	1884	32	6 mois	base droite	1 mois	mort
16	Godlee........	1884	?	?	?	?	guérison
17	Godlee........	1884	?	?	?	?	guérison
18	Rohden	1884	20	?	côté gauche	?	guérison
19	Broadbent.....	1884	?	?	base gauche	?	mort

Dans le tableau précédent, il est noté :

Amélioration.............................. 1 fois
Voie de guérison.......................... 3 fois
Guérison.................................. 6 fois
Mort...................................... 8 fois

Ces résultats sont fort encourageants.

La guérison est survenue principalement dans les cas aigus, lorsque l'action chirurgicale s'est exercée de bonne heure ; la mort est arrivée généralement dans les conditions. opposées On conçoit aisément que l'intervention soit d'autant plus favorable qu'elle a lieu plus hâtivement et chez dés sujets non encore détériorés par une longue suppuration.

La pneumotomie, dans les faits de ce genre, sera donc de quelque utilité. Elle n'est pas susceptible toutefois d'une application constante ; elle présente des indications et des contre-indications que nous devons actuellement résumer.

INDICATIONS ET CONTRE-INDICATIONS. — Les abcès pulmonaires résultant d'une inflammation plus ou moins aiguë, se terminent quelquefois par résolution ; cette terminaison est même assez fréquente chez les enfants.

Il convient donc d'employer, avant d'ouvrir l'abcès, une médication interne convenable. Elle sera toujours utile et suffira, dans un certain nombre de cas, à conduire à la guérison.

Autant il semble imprudent d'agir avec précipitation, autant il paraît dangereux de temporiser trop longtemps.

On doit garder ici une juste mesure et s'inspirer de l'ensemble des phénomènes morbides de l'état local et de l'état général.

Lorsqu'un abcès pulmonaire fait saillie du côté de la paroi thoracique, il peut, par ses progrès incessants, s'ouvrir spontanément ou fuser dans le tissu cellulaire avoisinant et créer de graves désordres.

La compression, la ponction aspiratrice rendront quelquefois service ; mais pour peu que leur action soit tardive, incertaine ou que les phénomènes généraux deviennent importants, il faut inciser, drainer largement et déterger la cavité suppurée.

L'indication opératoire est tirée le plus ordinairement des données de l'état général ; parmi celles-ci, la fièvre occupe le premier rang.

Si, d'une part, divers symptômes alarmants : hyperthermie, sueurs, diarrhée, faiblesse extrême, etc., sont la conséquence directe de la résorption putride au niveau de l'abcès et non de l'extension du processus inflammatoire ; si, d'autre part, le diagnostic du siège de la collection purulente ne laisse aucun doute, il faut agir en toute hâte et pratiquer la pneumotomie.

L'écoulement du pus par la voie bronchique est plus facile dans les abcès du sommet que dans ceux de la base ; l'action chirurgicale est donc, *à priori*, particulièrement nécessaire dans les derniers ; nous verrons si l'expérience confirmera cette manière de voir.

Que faire quand on reconnaît l'existence de plusieurs cellections purulentes ? L'intervention est souvent inutile et l'abstention dangereuse. Il ne saurait, en l'espèce, y avoir de règle précise. L'indication opératoire sera fatalement subordonnée à des éléments d'appréciation variables. Il faudra s'inspirer des circonstances et des forces du malade.

On peut se demander encore si le siège des abcès n'est pas quelquefois une contre-indication absolue à la pneumotomie. Certaines régions, scapulaires, claviculaires, présentent des obstacles ou des organes importants ; d'autres, rétro-sternales, paracardiaques, sont d'un abord très périlleux. Malgré l'opinion de Fenger et Hollister, on pourra peut-être mener l'opération à bonne fin, si on la conduit avec circonspection. En allant couche par couche avec le thermo ou mieux le bistouri, on évitera, dans ce cas, tout accident fâcheux.

Lauenstein en a donné la preuve.

En dehors de l'incertitude diagnostique, il existe, pour la pneumotomie, une contre-indication habituellement formelle : c'est l'absence d'adhérences pleurales au niveau de l'abcès.

Le fait est rare, mais peut se rencontrer dans les suppurations rapides ou centrales. A mon sens, on doit alors s'abstenir ou faire une simple ponction aspiratrice. On provoquerait, par l'incision, un pyopneumothorax redoutable. Schmidt prétend que cette complication est presque fatale, si l'on n'intervient pas ; j'estime qu'il vaut mieux temporiser ou n'agir que si l'on a la main forcée.

En pareil cas, toutefois, on se servirait de l'aiguille exploratrice comme d'un conducteur, on inciserait les tissus sains au thermo-cautère pour éviter l'hémorrhagie pulmonaire et, si le pus tombait dans la plèvre, on pratiquerait immédiatement l'empyème.

Je me suis occupé à peu près exclusivement des abcès pulmonaires. Ce que j'en ai dit s'applique directement à certaines bronchiectasies. Leur origine, leur marche sont différentes, mais leurs conséquences souvent analogues. Ces deux ordres de lésions sont, dans les limites indiquées, du ressort de la pneumotomie.

CHAPITRE II

CAVERNES TUBERCULEUSES

Elles ont motivé assez fréquemment l'intervention chirurgicale. Les tentatives provoquées s'expliquent par la gravité particulière de l'affection et la facilité relative de son diagnostic.

On est porté, de nos jours, à plus de réserve.

La pneumotomie, en effet, dans les cavernes tuberculeuses, n'a d'ordinaire qu'une action palliative et n'est applicable qu'à peu de sujets.

L'excavation pulmonaire, chez les phthisiques, ne constitue presque jamais une lésion isolée ; elle est habituellement accompagnée d'infiltration granuleuse étendue, souvent bilatérale. L'organisme tout entier est infecté par les bacilles ; un traitement local ne saurait devenir efficace ; la thérapeutique ordinaire, en thèse générale, est seule rationnelle.

On peut toutefois rencontrer certains cas particuliers où la pneumotomie soit véritablement utile : c'est lorsqu'une caverne représente essentiellement la maladie tuberculeuse, lorsque, suivant l'expression de Bull, elle domine la scène pathologique.

Dans ces cas, mais dans ces cas seulement, elle sera nettement indiquée.

Les liquides puriformes contenus dans une vaste caverne tuberculeuse provoquent, en effet, de la toux, des efforts pénibles, des vomissements, parfois des hémorrhagies redoudables. Leur passage à travers les canaux bronchiques détermine une irritation plus ou moins vive, des ulcérations douloureuses, des foyers tuberculeux secondaires. Ils peuvent même, en pénétrant dans les voies digestives, produire, d'après les expériences de Chauveau, une infection complémentaire et hâter le dénoûment fatal. Enfin, et c'est là le point qui intéresse surtout la pneumotomie, les produits intra-caverneux sont capables d'engendrer des éléments putrides, des accidents septicémiques amenant l'hecticité, un état général grave et une mort prompte.

Créer à ces produits infectieux et irritants une voie d'élimination large et directe capable de conjurer les dangers immédiats et de calmer les symptômes les plus pénibles, tel est le but ordinaire de la pneumotomie.

On peut, à la rigueur, concevoir que l'ouverture et le drainage d'une caverne isolée détermine son oblitération et une amélioration générale susceptible d'aboutir à une guérison définitive. Cette terminaison est malheureusement exceptionnelle.

Quoi qu'il en soit, l'ouverture des excavations tuberculeuses pulmonaires a été pratiquée un certain nombre de fois par les anciens et par les modernes. Les observations des premiers n'ont qu'une valeur relative ; celles des derniers sont extrêmement rares. Nous les relaterons à titre de documents, et après une étude sommaire, nous les ferons suivre de quelques conclusions.

Observation XIX

HASTINGS ET STORKS. *Gaz. méd.*, Paris 1845, p. 457

M. E. C., trente-huit ans, ecclésiastique. Pas d'antécédents héréditaires. En 1841, à la suite de refroidissement, toux, expectoration, hémoptysie. En 1843, mêmes phénomènes et fièvre typhoïde. Depuis sa première hémoptysie, il resta faible et languissant ; les principaux symptômes furent cependant améliorés par un traitement médical.

Le *10 août 1844*, il consulte Hastings. Toux pénible, crachats puriformes abondants, striés de sang, matité, souffle vers la région claviculaire gauche, gargouillement et pectoriloquie. Du côté opposé, submatité, respiration bronchique, dyspnée intense, P. 132, R. 32. En novembre, malgré l'amélioration de l'état général, l'excavation sous-claviculaire a augmenté.

Hastings, se rappelant la pratique de Barry en 1726, proposa une opération qui fut acceptée.

Le *15 novembre 1844*, incision de deux pouces s'étendant du milieu de la clavicule vers le mamelon ; ponction avec un trocart dans le troisième espace et issue de gaz ; incision large de la paroi antérieure costale et cavitaire. Hémorrhagie légère, passagère, par la bouche et par la plaie ; peu de toux.

On introduit un tube qui ne peut convenir ; on le retire,

on recouvre simplement la blessure d'un linge imbibé d'eau chaude et l'on fait coucher le malade sur le côté correspondant. Peu à près l'opération, dyspnée, toux, expectoration diminuées. Le pouls tombe à 100 pulsations et, le lendemain, à 68-80.

17 novembre. — Storks introduit et fixe dans la plaie un morceau de sonde élastique.

20 novembre.—A la suite probablement d'une indigestion, fièvre, céphalalgie, vomissements ; un purgatif remet tout en ordre.

22 novembre. — P. 68, R. 24, ni toux, ni crachats, ni dyspnée.

Le 24, ces phénomènes reparaissent ; Hocken retire le tube et donne issue à une cuillerée à café de pus louable ; quelques crachats spumeux.

A partir du 1er décembre, l'amélioration s'accentua ; les forces, l'embonpoint reparurent. Plusieurs fois, on retira, avec le tube, des granulations indiquant un travail cavitaire cicatriciel.

15 décembre. — Expectoration muqueuse légère; dépression sous-claviculaire ; P. 80, R. 11. Le malade se promène dans sa chambre ; état général excellent.

Deux jours après, Hocken l'examina. Du côté droit, la pectoriloquie a disparu; à peine un peu de résonnance vocale. A gauche, respiration encore creuse, mais son timbre se rapproche de celui de l'état normal.

Le malade n'a pas été suivi assez longtemps pour apprécier le résultat définitif.

Cette observation célèbre a été l'objet des commentaires les plus variés. Tous les auteurs ne l'ont pas admirée comme l'un des essais les plus remarquables dirigés contre la tuberculose pulmonaire ; certains ont été même, à son occasion, d'une sévérité excessive.

C'est à propos de la relation de ce fait, rendue incomplète par le départ du sujet, que Bouchut a écrit les lignes suivantes :

« En Angleterre comme en France, les aventureux de la médecine et de la chirurgie sont les mêmes ; à peine ont-ils commencé la réalisation d'une idée plus ou moins hardie, qu'ils se hâtent de publier bruyamment leurs premiers bulletins, laissant à d'autres le soin d'ensevelir le dernier dans le sable du cimetière. C'est ainsi qu'avec tout avantage pour soi, on espère, mais en vain, duper la science et tromper les médecins (1) ».

La publication un peu hâtive d'un fait important devait-elle mériter de si amères réflexions ?

L'observation de Hastings et Storks est extrêmement intéressante. Le diagnostic entouré des meilleures garanties, la bonne conduite de l'opération, l'application méthodique du drainage la placent au rang des meilleures de ce genre.

Le danger de la chute du contenu de la caverne dans la plèvre préoccupe déjà vivement les opérateurs.

Pour éviter un tel accident on a, dans la suite, fait usage des caustiques. Ceux-ci atteignaient même un double but : ils provoquaient ou consolidaient l'adhésion des feuillets pleuraux et mettaient à l'abri de l'hémorrhagie. Bricheteau s'en est servi à plusieurs reprises, conjointement avec le bistouri.

(1) *Loc. cit.*, p. 145.

Observation XX

BRICHETEAU. *Maladies chroniques de l'app. respir.*, 1851, p. 260

Homme, vingt-neuf ans, journalier. Lésions tuberculeuses avancées; caverne. On fait, au niveau de celle-ci, plusieurs applications successives de potasse caustique; on obtient ainsi une escharе profonde qu'on incise au bistouri. On pénètre alors dans une excavation pulmonaire renfermant une matière analogue à du mastic de vitrier. La plaie se ferme rapidement après l'évacuation de son contenu.

Mort l'année suivante de péricardite.

Autopsie.— Caverne cicatrisée, comblée par des bourgeons semi-cartilagineux de formation récente.

Observation XXI

BRICHETEAU, *Loc. cit.*, p. 264

Homme, vingt-huit ans, armurier. Lésions tuberculeuses moins graves que chez le précédent. Caverne sous la clavicule gauche; pectoriloquie. Application de quatre cautères au niveau de l'excavation et ponction consécutive avec l'aiguille à acupuncture. Au bout de deux mois, le malade quitte l'hôpital, très amélioré : la pectoriloquie a diminué; le stylet ne peut plus pénétrer dans la région caverneuse.

On ne saurait nier l'importance des résultats obtenus. Les malades ont été, sinon guéris, du moins notablement améliorés. Le premier paraît même avoir succombé à la suite d'une affection indépendante de la lésion pulmonaire.

L'examen direct appuie ces considérations. Dans un cas, la cicatrisation de la caverne était complète; dans l'autre, elle était en bonne voie.

Bricheteau, en intervenant de la sorte, paraît s'être inspiré de ses prédécesseurs. Il cite, en effet, les cas de Pouteau et de Bligny.

Nous connaissons le premier fait; le dernier est assez curieux et assez fameux pour mériter une courte relation.

Observation XXII

De Bligny. *Nouv. Découv. sur toutes part. de méd.*, Paris, 1679, et Bricheteau. *Loc. cit.*, p. 256

Le fils de M. de la Genevraye, gentilhomme de haute considération, était un phthisique désespéré. Il reçut dans la poitrine, en 1670, un coup d'épée; la lame pénétra près du sein droit, entre la quatrième et la cinquième côtes, dans une caverne pulmonaire. Evacuations abondantes purulentes par la plaie. A la suite de cet accident, il survint une guérison complète de l'affection tuberculeuse.

Voilà certes une blessure providentielle !

Les succès relatifs de Bricheteau ne laissent pas, en somme, que de montrer l'utilité de certaines interventions chez les tuberculeux. Malheureusement, les occasions où l'action chirurgicale est nettement indiquée sont relativement rares et expliquent le peu de faveur qui a accueilli les tentatives dont nous nous occupons.

Il faut arriver jusqu'à notre époque pour les voir se rénouveler. Les résultats toutefois n'en sont guère satisfaisants. On a produit un léger amendement des symptômes les plus pénibles, mais la mort est encore survenue plus ou moins rapidement.

Observation XXIII

SOMMERFELDT : *Hospital Tidende*, 1882

Homme, trente-un an, phthisique avancé. Expectoration purulente et fétide ; hecticité ; grande caverne du sommet droit. Les cautérisations ne produisent aucune amélioration. Ponction au trocart ; sifflement, quelques gouttes de pus. Drainage, injections phéniquées. La plaie donnant beaucoup, on l'agrandit par dilatation.

La fétidité disparaît ; la toux, l'expectoration diminuent ; la paroi interne de l'excavation ne provoque, par le toucher, aucune réflexe.

Cependant l'état général reste très mauvais et la mort survient dans le collapsus un mois après l'intervention.

Observation XXIV

FRAENKEL, 1873

Peintre. Caverne dans le deuxième espace. Incision, drainage, pansement antiseptique. Pulvérisations, à travers le drain, de solutions iodées et phéniquées diluées. La toux et la fièvre diminuent.

Mort, trois mois après.

Autopsie. — Le drain est placé dans une cavité purulente à parois peu granuleuses.

Observation XXV

— Inédite —

Due à l'obligeance de M. V. Augagneur, chirurgien de l'Antiquaille

X..., trente-huit ans, tuberculeux au troisième degré, passe du service de M. Drivon (médecine), dans celui de M. Augagneur (chirurgie), salle St-Eucher, hôpital de la Croix-Rousse, le 7 janvier 1884.

La phthisie pulmonaire avait eu son cours habituel jusqu'au milieu de décembre 1883. A partir de cette époque, frissons répétés, hyperthermie, anorexie absolue; pendant cinq ou six jours, douleur atroce dans la région sous-claviculaire gauche. La douleur diminua en ce point; il apparut une tuméfaction diffuse occupant les deuxième et troisième espaces. Celle-ci se localisa, acquit le volume du poing et s'étendit de la clavicule à la quatrième côte et à sept ou huit centimètres du sternum. La peau, à son niveau, était rouge, tendue, un peu amincie; la palpation, fort pénible pour le patient, déterminait parfois des gargouillements.

A l'auscultation, des signes cavitaires se montraient aux deux sommets, mais plus marqués en avant, au niveau de l'abcès. Ce fait avait été constaté depuis longtemps.

Le degré élevé de la température, la diarrhée, les sueurs profuses, les douleurs vives paraissaient indiquer une intervention locale.

Le *10 janvier*, *soir*, anesthésie par l'éther. M. Augagneur fit une incision de trois travers de doigts à trois centimètres au-dessous de la clavicule gauche et parallèlement à cet os. Il s'écoula aussitôt une grande quantité de liquide séro-purulent mélangé d'air; il était très fétide et contenait beaucoup de débris sphacélés. Après un râclage prudent de la cavité purulente, on aperçut, au fond, un pertuis recouvert de néomembranes et traversant le deuxième espace intercostal.

Les lavages phéniqués déterminent de la suffocation. On fait une contre-ouverture au point déclive, un drainage soigné et, après suture des bords de la plaie, on panse antiseptiquement. Le soir, T. 36°,5 ; collapsus léger et fugitif.

Le malade vécut encore quinze jours. La douleur avait disparu, l'écoulement purulent était diminué et moins fétide, la température, au-dessus de 40° avant l'opération, n'avait plus dépassé 38° 5 ; la plaie était complètement cicatrisée.

La mort survint simplement par le fait de l'affection pulmonaire.

Autopsie. — Lésions tuberculeuses très étendues dans les deux poumons. Au niveau de l'incision, adhérences pleurales excessivement fortes doublées d'une mince lame parenchymateuse. Celle-ci présente un pertuis d'un centimètre qui conduit directement, d'une part, dans une vaste caverne pulmonaire et, d'autre part, à la peau.

On ne pouvait espérer, dans les faits précédents, un résultat définitivement favorable. Fallait-il donc s'abstenir de toute intervention ? Je ne le pense pas.

Le traitement chirurgical poursuit un double but : guérir ou soulager. Chez les tuberculeux, il faut savoir se contenter de peu. Pour eux, une amélioration symptomatique est un demi-succès thérapeutique. On a le droit d'agir quand on peut l'espérer. C'est l'opinion de beaucoup d'auteurs et de Bull, en particulier.

Les malades de Fraenkel, de Sommerfeldt, ont gagné quelque chose à l'opération; celui de M. Augagneur a vu la fièvre baisser, l'état général s'amender et surtout la douleur disparaître entièrement.

Pourquoi priver les patients d'un soulagement passager, il est vrai, mais capable de rendre leur agonie moins cruelle ?

La pneumotomie, directe ou indirecte, est d'ailleurs, chez les tuberculeux, relativement bénigne.

Si les résultats thérapeutiques laissent grandement à désirer dans les faits qui nous occupent, les accidents opératoires sont excessivement rares. L'ouverture du poumon peut, néanmoins, dans les cavernes tuberculeuses comme dans les abcès pulmonaires, déterminer certaines complications.

Les injections détersives occasionnent parfois des ruptures vasculaires et une légère hémorrhagie consécutive. Celle-ci, si faible soit-elle, est toujours fâcheuse ; elle amène de la toux, de la dyspnée et l'affaiblissement des malades.

Le perchlorure de fer ou le tamponnement en auront, d'ailleurs, facilement raison.

Observation XXVI

MOSLER. *Berl. klin. Woch.*, 1873, n° 43, p. 509

Peintre, quarante-neuf ans. Plusieurs hémoptysies, émaciation et caverne bronchiectasique superficielle du lobe supérieur droit depuis cinq ans ; albuminurie.

2 juillet 1873. — Incision de trois centimètres sur le bord supérieur de la troisième côte, à cinq centimètres environ du bord droit du sternum ; on sectionne la peau et les tissus sous-jacents jusqu'aux muscles intercostaux internes. Pensant qu'il existe des adhérences, on enfonce des pinces énormes profondément et graduellement. L'issue de matières purulentes mélangées d'air indique qu'on a pénétré dans la caverne. Pas d'hémorrhagie. Dilatation de l'ouverture, drainage avec un gros tube en argent qu'on fixe à la paroi et qu'on recouvre de charpie phéniquée et d'une vessie remplie de glace. Le malade supporte très bien l'opération.

Le soir, T. 37° 8 c., P. 84., R. 36.

Écoulement purulent abondant surtout pendant la toux.

Toux, expectoration diminuent ; état général, bon.

On change le pansement à plusieurs reprises.

12 juillet. — Hémorrhagie arrêtée par injection de perchlorure de fer. Dans la suite, on pulvérise, dans la caverne, une solution faible iodo-phéniquée.

Des injections de permanganate de potasse furent mal supportées ; elles déterminaient de l'oppression et un mouvement fébrile.

Écoulement plus abondant et de bonne nature.

Les râles sont moins nombreux, mais le bruit de pot fêlé persiste. D'ailleurs, l'albumine de l'urine augmente et l'état général ne s'améliore pas.

1er octobre. — Depuis quelque temps, amaigrissement progressif. La toux, l'expectoration, la dyspnée ont diminué ; l'albumine est plus considérable ; la température n'a pas dépassé 37° 6. L'écoulement par la plaie s'est accru ; deux fois par jour, on a dû injecter des solutions phéniquées.

Les lésions pulmonaires n'ont pas pris plus d'extension.

3 octobre. — Aggravation, faiblesse cardiaque, pouls filiforme, collapsus, T. 36° 6.

Les jours suivants, des râles bulleux se font entendre dans tout le poumon gauche.

5 octobre. — Mort.

Autopsie (Dr Kühnemann). — Adhérences pleurales résistantes. Poumon gauche infiltré de tubercules. Le poumon droit, tuberculeux, présente dans son lobe supérieur, une caverne remplie de liquide jaunâtre, crémeux, tapissée de granulations rouges et saillantes.

Un canal à paroi lisse, occupé par la canule, conduit de la base de l'excavation à l'incision thoracique. Ulcérations intestinales ; rate et reins ont subi la dégénérescence amyloïde.

Cette observation est l'une des premières de notre époque. L'amélioration symptomatique a été tout d'abord assez marquée ; mais elle ne pouvait être de longue durée : la plupart des viscères étaient dégénérés.

Remarquons encore l'apyrexie presque complète et le peu d'étendue des lésions tuberculeuses voisines.

Notons enfin l'irritation causée par les injections au permanganate de potasse.

On a observé plusieurs fois d'autres inconvénients résultant d'une erreur de diagnostic. Tantôt les adhérences ont fait défaut, chose rare ; tantôt les phénomènes cavitaires se rapportaient à un pneumothorax. Dans ce dernier cas, il est vrai, le dommage est peu considérable, mais l'opération devient à peu près inutile.

Krimer, on le sait, incisant la paroi thoracique pour ouvrir une excavation, ne trouva pas d'adhérences. Le poumon se rétracta, et ne pouvant l'accrocher et le fixer à la paroi thoracique, le chirurgien dut suspendre l'opération.

Les faits suivants sont des exemples d'erreurs diagnostiques portant sur la nature ou le siège exact des excavations.

Observation XXVII

BULL. *Analyse in centralb. f. chir.*, 1883, n° 7 et Rev. Hayem

Etudiant, vingt-neuf ans, Toux violente, expectoration purulente, fièvre hectique, émaciation. C'était un phthisique avancé.

Au niveau des premier et second espaces intercostaux gauches, en dehors du sternum, la paroi thoracique subit, pendant les mouvements respiratoires, une expansion nettement circonscrite.

Matité dans les régions sus-claviculaires ; bruit de pot fêlé et souffle bronchique sous la clavicule gauche.

Râles muqueux dans les deux poumons, plis marqués aux sommets et en avant, du côté gauche.

Diagnostic.— Caverne superficielle au niveau de la tuméfaction, adhérences pleurales correspondantes.

Une ponction exploratrice ramène du sang et teinte les crachats. On fait alors une incision et l'on tombe dans une excavation bien limitée, vide; on en perfore prudemment le fond et on entre dans du tissu spongieux. Pas d'écoulement. Drainage.

Le lendemain, la toux provoque l'issue, de travers la plaie, d'un liquide purulent qui, quatre jours après, devient fétide. Pas d'amélioration, mort le sixième jour.

Autopsie.— L'incision a ouvert un pneumo-thorax limité ; le poumon est retiré à 5 centimètres de la paroi costale ; 3 centimètres plus haut, large caverne superficielle. Altérations tuberculeuses multiples.

Observation XXVIII

BARNSLEY SADLER, *The Lancet*, 1879, t. I, p. 84

Homme, trente-huit ans. Vers 1874, tuberculose pulmonaire ; en mars 1878, caverne près de la base gauche; en juillet, faiblesse, émaciation considérables.

Le *10 juillet*, incision entre les onzième et douzième côtes ; adhérences pleurales. Pas d'écoulement puriforme ; le doigt, introduit dans la plaie, entre dans une petite excavation.

Un double tube à drainage mis en place donne issue à du

mucus mélangé d'air ; il sort, par la bouche, un peu d'écume sanglante.

Pansement phéniqué.

Avant l'opération, T. 98°,4 F., P. 120 ; à dix heures soir, T. 100°,6, P. 116.

Le malade souffre au niveau de la blessure et dort mal.

La nuit suivante, la toux est diminuée ; il s'écoule de la plaie une grande quantité de matières muco-purulentes.

P. 104-134, T. 103°,4, R. 24-50.

Le *21 juillet*, on enlève le drain ; l'air et le mucus sortent facilement. Les jours suivants sont mauvais.

Le *24 juillet*, après quelques frissons, mort subite.

Autopsie. — Adhérences pleurales ; vaste excavation du poumon gauche, divisée en deux portions par une cloison incomplète ; base solide, sans crépitation. Tubercules à droite.

L'incision a porté au-dessous de la caverne ; le drain lui est sous-jacent et ne communique avec elle que par un étroit canal.

Les accidents opératoires autres que les précédents sont exceptionnels ; cependant, on a pu encore observer, à la suite de ponctions curatives ou exploratrices, de l'emphysème, du pneumothorax.

Témoin ce fait :

Observation XXIX

Williams. *British med. journ.*, 1878, t. I, p. 101

Homme, vingt-huit ans. Malade depuis plusieurs années. Depuis six mois, il s'est formé, dans le poumon gauche, une large cavité à la base et plusieurs petites au sommet. Vomissements, toux très pénible, expectoration abondante, anorexie, diarrhée, fièvre élevée.

Fibres élastiques dans les crachats.

Une ponction entre les septième et huitième côtes produit de l'emphysème cutané et un pneumothorax limité qui persistent plusieurs jours. Evacuation immédiate de deux pintes de pus fétide. Lavages antiseptiques répétés. La fétidité disparaît ; l'expectoration diminue, le pouls devient moins fréquent, la fièvre tombe.

Un mois après, l'amélioration générale et locale est considérable.

Il se produit parfois, dans les cavernes tuberculeuses, des phénomènes gangréneux. Consécutivement à l'oblitération vasculaire, des portions variables du parenchyme pulmonaire se nécrobiosent et constituent des détritus fétides susceptibles de déterminer des accidents infectieux supplémentaires.

Un tel processus, siégeant sur les parois des excavations des poumons, peut motiver directement l'intervention chirurgicale.

Il semble que le fait suivant en soit un exemple :

Observation XXX

WALSHAM. *Roy. med. and chir. Society London*, 27 mai 1884

Homme très émacié. Caverne tuberculeuse du sommet.

Fièvre hectique, expectoration abondante et fétide.

Incision, drainage, lavages phéniqués.

L'expectoration est d'abord accrue et l'acide phénique, mal toléré. Peu à peu celui-ci est mieux supporté, l'expectoration diminue et l'excavation se ferme.

Le malade sort très amélioré.

Walsham croyait à un empyème; tous ses collègues médecins ont diagnostiqué une excavation tuberculeuse.

Il me reste à relater deux observations : l'une de Mosler, l'autre, inédite, de M. D. Mollière. Elles sont intéressantes à divers titres, mais surtout parce qu'elles donnent peut-être la mesure exacte de ce qu'on peut rationnellement attendre de l'intervention chirurgicale chez les tuberculeux.

L'amélioration symptomatique est réelle; elle paraît même tout d'abord légitimer de grandes espérances, mais on ne tarde pas à reconnaître l'insuffisance de la thérapeutique employée. Le processus tuberculeux suit son cours et achève de miner l'organisme.

L'ambition du chirurgien ne doit pas aller, en l'espèce, au delà d'une action palliative.

Observation XXXI

Mosler et Hueter, 1875. *Berl. kl. Woch.*, 1883, t. XX, p. 289

Homme. Large excavation du poumon gauche...

Le *14 janvier 1875*, incision, drainage, pulvérisations médicamenteuses à travers le drain. Le développement de granulations caverneuses oblige à raccourcir, puis à supprimer le drain. Plus d'issue gazeuse ou liquide par la plaie.

Le tympanisme et les râles de la région cavitaire ont disparu; la sensibilité à la percussion est nulle; le poumon s'est rétracté, entraînant une augmentation de la zone de matité cardiaque. Vers fin mars, les forces et l'embonpoint sont revenus, le malade sort et reprend son travail.

Il revient huit mois après. L'affection a reparu et gagné le sommet opposé. Toux persistante, expectoration purulente abondante, fièvre intense, anorexie, diarrhée, albuminurie. Mort, le 25 mars 1876.

Autopsie.—Généralisation tuberculeuse et dégénérescence amyloïde de plusieurs organes.

Obervation XXXII

— Inédite —

Recueillie dans le service de M. D. Mollière, chirurgien en chef de l'Hôtel-Dieu

D... (André), quarante-sept ans, cultivateur, salle Saint-Louis, n° 10.

Pas d'antécédents héréditaires notables.

Il n'a jamais eu de maladie importante; à peine, vers dix ans, a-t-il ressenti quelques accès de fièvres palustres.

Il y a deux ans, il était tuilier et couchait souvent sur la terre humide. Il prit froid, s'affaiblit, et cependant continua son travail; la fatigue augmentant, il se mit au lit, transpira et se rétablit en huit jours.

Il reprit ses occupations pendant six mois.

A ce moment, il y a vingt mois, il éprouva tout à coup des frissons de la fièvre et une fatigue excessive. Il se coucha. Il ne toussait ni ne crachait, mais avait de la dyspnée. On diagnostiqua une pleurésie et un affection pulmonaire concomittante.

Un mois après, il entre à l'hôpital de Belley et commence à tousser et à cracher. Au bout de vingt jours, on l'envoie dans l'Ain; huit jours après, la toux est fréquente, pénible et se complique d'une forte douleur vers le côté droit de la poitrine, en avant.

Une petite tumeur, du volume d'une amande, apparaît,

rouge à la périphérie, blanchâtre au sommet; elle s'ouvre spontanément et donne issue à un verre de liquide sanieux, rougeâtre. La douleur disparut, mais les forces diminuèrent encore, l'amaigrissement augmenta, et le malade vint à l'Hôtel-Dieu de Lyon, le 29 octobre 1884.

Il est très cachectique, tousse beaucoup; sa fistule, située à quatre travers de doigt en dehors du mamelon droit, dans le sixième espace intercostal, laisse couler, surtout pendant les efforts de toux, un liquide muco-purulent peu fétide.

Quinze jours après, on introduit à travers la fistule une tige de laminaria, on la laisse à demeure quarante-huit heures, puis on la retire et on la remplace par un gros drain. On fait immédiatement un lavage abondant avec l'irrigateur, et on donne issue à un demi-litre environ de liquide purulent, sanieux, un peu odorant.

On continue les lavages tous les trois ou quatre jours. La quantité de liquide qu'on peut introduire sous la cavité diminue graduellement, la paroi thoracique se rétracte et l'état général s'améliore notablement.

Il est, en ce moment, dans l'état suivant :

C'est un homme encore maigre, mais de bonne mine. L'œil est vif, les mouvements sont énergiques, la douleur est nulle, la toux peu fréquente. Quelques sueurs nocturnes. Ongles hippocratiques.

La poitrine, en avant et à droite, est très déprimée, surtout vers la région sous-axillaire, à partir de la clavicule.

A quatre doigts en dehors du mamelon, dans le sixième espace intercostal, siège une large fistule occupée par un drain. L'écoulement est sanieux, peu abondant, marqué surtout durant la toux.

La rétraction de la paroi a fait disparaître les espaces intercostaux, de sorte que la fistule est presque de niveau avec le mamelon.

La cavité diminue graduellement; si on pousse les injections un peu fortement, le liquide sort par la bouche.

L'état général est excellent.

La région fistulaire est mate sur l'étendue de 10 à 12 centimètres, sonore au delà.

La percussion thoracique, normale à gauche, sauf au sommet où il existe un peu de submatité, indique une diminution de la cavité et des vibrations dans tout le côté droit, en arrière. La respiration, de ce côté, est notablement affaiblie Pas d'égophonie, mais un peu de souffle en haut, sous l'épine de l'omoplate.

En avant et à droite, à deux doigts sous la clavicule, râles muqueux, inspiratoires, confluents.

Urine non albumineuse. Jamais de bacilles dans les crachats.

1er mai. — L'état général est satisfaisant, mais la tuberculose n'est pas douteuse.

Comme on vient de le voir, l'amélioration produite par l'opération chez le malade de Mosler a été d'assez longue durée; le succès, toutefois, ne devait pas être définitif.

Quant au sujet de M. Mollière, il n'est intéressant qu'au point de vue du drainage. L'effet immédiat des lavages antiseptiques a paru tel que la guérison semblait prochaine. Il est fâcheux qu'une résection costale étendue n'ait pas hâté la cicatrisation de la cavité suppurante; peut-être une oblitération rapide de celle-ci eût-elle empêché le développement de la tuberculose et replacé le sujet dans son état habituel de forces et de santé.

Je reviendrai ailleurs sur ce dernier point.

Je me contente de mentionner, à la suite des observations précédentes, trois observations de Pepper, dépourvues de détails.

APERÇU GÉNÉRAL DES OBSERVATIONS PRÉCÉDENTES

Numéros	AUTEURS	DATES	AGE des sujets	DÉBUT de la MALADIE	SIÈGE des lésions	DURÉE post-opératoire	RÉSULTATS
1	Hastings-Storks.	1844	38	3 ans	Sommet gauche	1 mois	Amélioration
2	Bricheteau.......	1851	29	?	?	?	Amélioration
3	Bricheteau......	1851	28	?	Sommet gauche	?	Amélioration
4	Mosler.........	1873	49	5 ans	Sommet droit	3 mois	Mort
5	Fraenkel.......	1873	?	?	Sommet	3 mois	Mort
6	Mosler.........	1875	?	?	Côté gauche	2 mois 1/2	Amélioration
7	Willams.......	1878	28	Plusieurs années	Base gauche	1 mois	Amélioration
8	Sadler.........	1879	38	5 ans	Base gauche	14 jours	Mort
9	Sommerfeldt....	1882	31	?	Sommet droit	1 mois	Mort
10	Bull..........	1883	23	Ancien	Sommet gauche	7 jours	Mort
11	Walsham......	1884	?	?	Sommet	?	Amélioration
12	Augagneur.....	1884	38	Ancien	Sommet gauche	15 jours	Mort
13	D. Mollière.....	1885	47	18 mois	Base droite	10 mois	Amélioration

Si nous examinons les résultats généraux qui ressortent des faits relatés dans ce chapitre et résumés dans le tableau ci-dessus, nous ne constatons aucune guérison définitive.

L'amélioration obtenue quelquefois a été fugitive et purement symptomatique.

La mortalité postopératoire est de 50 °/₀ environ; la survie moyenne, de quarante-six jours. C'est peu encourageant.

Résumant enfin les considérations qui se dégagent de l'étude actuelle, nous dirons :

1° On ne doit pratiquer la pneumotomie, chez les tuberculeux, que dans des circonstances exceptionnelles, lorsqu'une excavation pulmonaire constitue la lésion essentielle et détermine des phénomènes morbides compromettant directement la vie du sujet;

2° Les accidents capables de légitimer l'intervention chirurgicale sont le plus souvent une hyperthermie par rétention des produits cavitaires et une expectoration très pénible, très abondante chez un sujet dont l'état général est encore relativement bon;

3° On ne saurait espérer généralement qu'une amélioration symptomatique et passagère.

W. Koch, Bull, etc., sont arrivés à des conclusions analogues.

CHAPITRE III

GANGRÈNE PULMONAIRE

Depuis Laennec, on distingue, dans la gangrène pulmonaire, une forme diffuse et une forme circonscrite. Cette division est essentiellement pratique ; elle s'impose au point de vue thérapeutique.

La gangrène diffuse, en effet, fatalement mortelle, exige seulement un traitement palliatif ; la gangrène circonscrite, localisée, est passive, par contre, d'une médication ou d'une intervention curatrices.

Jusqu'à ces dernières années, la gangrène du poumon était restée du domaine particulier de la médecine interne ; aujourd'hui, elle semble, dans certains cas au moins, ressortir de l'action chirurgicale directe, de la pneumotomie.

Le sphacèle d'une portion du parenchyme pulmonaire est un phénomène morbide extrêmement redoutable. La guérison survient quelquefois spontanément ; mais, le plus souvent, la mort en est la conséquence rapide.

L'issue sera favorable si la mortification des tissus est peu étendue et leur élimination facile, complète avant l'infection générale de l'économie; elle sera funeste dans le cas contraire. Ordinairement, l'organisme, affaibli, détérioré par les causes qui font naître la gangrène, ne peut résister à l'empoisonnement septique que détermine celle-ci, et le malade succombe.

Alors même que les produits sphacélés sont expulsés par la voie bronchique, la situation est des plus critiques. Sans parler des complications qui, comme l'embolie, déterminent quelquefois une mort subite, le sujet se trouve exposé aux dangers d'une auto-infection putride, et à la production de foyers gangréneux secondaires.

La médication interne, même la plus énergique, n'a guère prise sur une telle affection. Elle agit sur l'état général, mais paraît impuissante contre la lésion locale.

Ne serait-il pas rationnel, cependant, de s'attaquer directement à la cause même des accidents infectieux?

Pourquoi ne pas ouvrir la poitrine, atteindre la lésion pulmonaire, déterger le foyer gangréneux, le drainer, le désinfecter, le transformer en une cavité aseptique, sans danger pour l'économie?

Dans certains cas déterminés, une telle pratique doit donner, *a priori*, les meilleurs résultats. L'expérience a démontré la justesse de cette manière de voir.

La pneumotomie, toutefois, dans les gangrènes

circonscrites des poumons, comme dans les excavations putrides de ces organes, n'est pas susceptible d'une application générale. Ses indications sont étroites et soumises à des éléments contingents. Il faut, en effet, pour légitimer cette opération :

1° Que le siège de la lésion soit propice, exactement reconnu ;

2° Qu'il existe, à son niveau, des adhérences pleurales ;

3° Que la guérison spontanée paraisse impossible ;

4° Que l'état général soit grave et la résistance organique, suffisante encore.

Ces conditions, rarement réunies, se sont pourtant quelquefois présentées.

Je n'ai pas à m'occuper de la question diagnostique ; je veux seulement examiner à quelle période de la gangrène il conviendrait, le cas échéant, d'intervenir.

Les auteurs, avec Laennec, établissent, dans le processus gangréneux du poumon, trois stades d'évolution :

1° Eschare gangréneuse ;

2° Sphacèle déliquescent ;

3° Excavation consécutive.

Dans la première période, l'intervention chirurgicale ne semble guère indiquée. Le diagnostic de la nature, du siège, de l'étendue de la lésion est souvent obscur ou indécis ; la zone de délimitation gangréneuse, incertaine ; enfin rien ne démontre l'impossibilité d'une guérison naturelle. La pneumotomie serait, à ce moment, plus dangereuse qu'utile.

Dans les deux autres périodes, au contraire, l'opération peut rendre les plus grands services.

En donnant issue, à travers les parois thoraciques, aux liquides et aux détritus gangréneux, en détruisant leurs propriétés septiques, elle diminuera la fièvre, elle conjurera tout danger d'infection ultérieure, elle relèvera l'état général et, dans les conditions que nous avons précisées, préparera la guérison définitive.

Quand celle-ci fera défaut, on obtiendra tout au moins une amélioration symptomatique notable.

Je n'insiste pas davantage sur ces considérations préliminaires ; nous les compléterons après l'étude des observations cliniques.

Dans la gangrène pulmonaire comme dans les abcès, les phénomènes morbides peuvent se manifester de bonne heure à l'extérieur. Il se produit quelquefois de la tuméfaction, de l'emphysème, etc. Ainsi que Rokitansky l'a observé (1), il peut survenir une ouverture spontanée, mais le plus souvent elle est le fait de l'intervention chirurgicale.

Observation XXXIII

DRINKWATER. *London méd. Rec.*, 15 mai 1884, t. Ier, p. 199

Homme, soixante-trois ans. Bronchite aiguë, toux dans la suite ; un an après, expectoration purulente.

(1) STRAUSS : *Dict. Jaccoud*, art. Gangrène du Poumon, t. XXIX, p. 411.

Le *5 décembre 1881*, douleur vive à la partie antérieure et supérieure de la poitrine; expectoration sanguinolente; matité; abolition des vibrations jusqu'à la troisième côte, à partir du sommet, expansion vésiculaire incomplète.

Souffle tricuspidien rude.

On constate, les jours suivants, une anorexie absolue, une grande faiblesse, de la fièvre continue avec exacerbation vespérale et transpiration profuse.

Au commencement de janvier 1882, il apparait un point très douloureux dans la région sous-claviculaire; le 16, on observe de la fluctuation, et le 18, de l'emphysème.

Une incision *loco dolenti* donne issue à une grande quantité d'air fétide; le pus était sous le muscle pectoral. On fait une boutonnière à l'espace intercostal correspondant et on y insinue un drain. Pas d'amélioration; vers le milieu de mars, l'état du sujet paraît désespéré.

Le *22 mars*, Drinkwater agrandit l'ancienne plaie, résèque une certaine longueur de la troisième côte et arrive sur le lobe supérieur gangréné.

Il résèque tout le sommet de ce lobe, pulpeux d'ailleurs, avec le doigt et le manche du scalpel, et place un tube à drainage.

Vingt-quatre heures après l'opération, la température tombe à 100°, le pouls à 105, la respiration à 24.

Deux fois par jour, dans la suite, on enlevait le drain, on faisait des lavages de la cavité morbide gangréneuse en y injectant une faible solution de permanganate de potasse ou d'acide carbolique. On agissait avec beaucoup de précaution.

L'écoulement diminue et devient inodore. Après le mois de septembre, le tube ne peut plus être introduit à travers l'espace intercostal; on le retire définitivement vers fin novembre.

Le sujet prend de la force et de l'embonpoint.

Le *3 décembre 1883*, il se porte aussi bien qu'un an ou deux auparavant.

On constate seulement un affaissement et une excavation de la paroi thoracique au niveau de la clavicule.

La fluctuation, l'emphysème sous-cutané commandaient ici l'ouverture immédiate. On doit la pratiquer largement, afin d'éviter le moindre phénomène de rétention ; l'étendue de l'incision n'aggrave pas ordinairement les dangers de l'intervention. L'observation ci-dessus démontre péremptoirement l'utilité de cette pratique. Quant à l'ablation des produits sphacéliques et au nettoyage mécanique de l'excavation, ils peuvent être utiles, mais quelquefois aussi devenir la source d'accidents hémorrhagiques.

Les vaisseaux constituant les tractus intra-caverneux sont généralement mais non toujours oblitérés. Il suffit, d'ailleurs, d'être prévenu d'une telle possibilité. On respectera les brides volumineuses ou on les détruira au thermo-cautère.

Dans la gangrène pulmonaire comme dans les lésions étudiées précédemment, l'incertitude diagnostique est souvent un obstacle à l'intervention opératoire.

Le processus gangréneux se manifeste, en général, de bonne heure et par des symptômes non équivoques. Son siège, toutefois, est difficile à préciser.

Si l'état général est grave, on peut, dans certains cas, passer outre et agir en toute hâte. Il suffit alors de quelques signes physiques, matité, râles, obscurité respiratoire, etc., pour localiser la lésion et le point d'attaque chirurgical. Ces indications topographiques suffiront le plus souvent si l'on y joint surtout une ponction exploratrice.

Observation XXXIV

Cayley et Lawson. *The Lancet*, 29 mars 1879, t. I, p. 440

Homme, quarante ans. Depuis cinq semaines, toux, expectoration, point de côté ; depuis quinze jours, crachats très odorants. Au moment de son entrée, le 30 décembre 1878, on constate de l'oppression, de la toux, il expectore avec peine des matières extrêmement fétides. Haleine mauvaise ; émaciation et prostration excessives. L'auscultation et la percussion indiquent une induration de la base droite. Une ponction exploratrice amène quelques gouttes de pus infect.

On diagnostique une caverne gangréneuse et on se décide à intervenir.

Incision de trois travers de doigt sur la ligne de l'omoplate et dans le neuvième espace cutercostal. On découvre l'excavation. Il s'en écoule aussitôt cinq onces de pus horriblement putride et des débris gangréneux ; l'un de ces derniers avait le volume d'une noisette.

On place un large drain et l'on fait deux fois par jour des lavages avec la liqueur de Condy diluée.

L'amélioration est remarquable : la toux et l'expectoration diminuent, la fièvre tombe, la fétidité disparaît ; malgré tout, la prostration persiste et la mort survient le 4 janvier, cinq jours après l'opération.

Autopsie. — Pneumonie de la base droite avec vaste excavation irrégulière remplie de débris gangréneux ; adhérences anciennes, très dures. Petite caverne obsolete au sommet droit ; quelques nodules fibreux. Reins granuleux, pas d'albumine.

Observation XXXV

Salomon-Charles Smith. *The Lancet*, 1880, nº 3, t. II, p. 86

Homme, 66 ans. Bonne santé habituelle. Environ deux mois avant l'opération, il remarqua un peu d'oppression ; un mois et demi après, il survint brusquement une pneumonie du côté droit ; crachats rouillés, points de côté, râles crépitants. Il guérit en une semaine et se leva ; deux jours après, toux, haleine fétide, état général grave.

Le *13 octobre*, il expectore subitement une demi-pinte de pus et tombe dans le collapsus.

Le *lendemain*, toux, dyspnée, transpiration, pouls faible et rapide, expectoration et haleine extrêmement fétides. Le côté droit, à la base et vers le mamelon, est submat ; la respiration et les vibrations y sont amoindries.

Le traitement institué amène une amélioration légère ; toutefois, l'expectoration diminuant, la situation empire.

Le *20 octobre*, on perçoit, en dehors du sein droit et vers l'épine de l'omoplate, une respiration caverneuse.

Diagnostic. — Vaste excavation du lobe moyen du poumon droit, rétention purulente, adynamie consécutive. Ponction aspiratrice près de l'angle du scapulum.

L'aiguille, enfoncée à quatre travers de doigt, donne issue à des gaz qui s'échappent avec force.

On introduit alors, avec cette aiguille comme conducteur, un bistouri puis un instrument dilatateur.

On insinue ensuite, dans le fond de l'orifice, un drain et, on injecte une faible solution phéniquée. Aussitôt, toux et expectoration violente de liquides fétides.

Pansement phéniqué renouvelé toutes les trois heures.

Durant la première semaine, amélioration marquée ; expectoration moindre, respiration plus facile, râles plus rares, appétit meilleur.

L'écoulement, considérable, se faisait aisément par le tube et la situation restait grave ; il est probable qu'il y avait rétention de produits gangréneux.

Huit jours après l'opération, les liquides expulsés ont bon aspect, mais l'expectoration s'accroît. P. 112, T. 100.

Le lendemain, la toux, les crachats diminuent et des débris sphacélés sortent par la plaie ; pouls fréquent, sueurs froides, anorexie complète et aggravation rapide.

Le malade succombe dans l'asthénie, le 2 novembre.

Pas d'autopsie.

Dans les deux cas qui précèdent, l'indication opératoire paraît incontestable. Il semble cependant qu'elle ait été tardive. Le résultat serait devenu meilleur si l'ouverture de la région gangréneuse eût été faite plus hâtivement.

Ces critiques rétrospectives n'ont cependant qu'une faible portée. On ne saurait blâmer la conduite de chirurgiens prudents et habiles. Leur réserve peut être quelquefois fâcheuse ; on devra presque toujours l'imiter. Jusqu'à ce que de nombreuses opérations démontrent surabondamment l'innocuité relative de la pneumotomie, celle-ci constituera l'*ultima ratio* de la thérapeutique dans les cas qui nous occupent.

Il est probable, d'ailleurs, que le succès définitif dépend autant du peu d'étendue de la lésion que du moment de l'intervention.

Les grands foyers gangréneux infectent l'économie avec une grande rapidité et laissent peu de ressources au traitement le plus énergique. Les foyers moins vastes donnent des résultats beaucoup plus favorables.

Observation XXXVI

Fenger. *Med. News*, 7 juin 1884, *Rev. Hayem.*, 15 janvier 1885

Homme, trente-quatre ans. Gangrène pulmonaire vers la fin d'une pneumonie. Les signes physiques et une ponction exploratrice démontrent l'existence d'une caverne dans la région sous-mammaire droite.

Incision le long de la clavicule, résection de fragments costaux, ouverture de l'excavation capable d'admettre le doigt. Lavages et pansement.

Des fragments gangréneux sortent par la plaie. L'odeur fétide, qui existait avant l'opération, avait diminué cinq heures après. Les lavages produisent quelques quintes de toux...

Cinq semaines après l'ouverture de l'excavation, le malade était en voie de guérison.

Même résultat dans le fait de Bacchini :

Observation XXXVII

Bacchini. *Imparział.* n° 11, 1883

Vingt-sept ans. Abcès du poumon consécutif à une pneumonie gangréneuse. Douleur et fluctuation vers les troisième et quatrième espaces intercostaux. Une ponction améliore le malade, et l'abcès s'ouvre dans les bronches. Incision dans le deuxième espace, lavages et drainage, amélioration prompte.

Le dixième jour, il sort un morceau de poumon sphacélé. Il reste encore une fistule, mais la guérison est prochaine.

Observation XXXVIII

Bull. *Nord. med. Ark.* 1881, *Bind* XIII, n° 17

J. E..., servante, vingt-trois ans. En novembre 1880, bronchite putride; au milieu de décembre, infiltration limitée de la partie antérieure du lobe supérieur gauche et sensibilité correspondante sans rougeur ni tuméfaction. Le 4 janvier 1881, pleurésie de la base gauche.

Vers le 19, la pleurésie a diminué; on constate un bruit de pot fêlé et du gargouillement vers le quatrième espace intercostal gauche. Une double ponction exploratrice donne un fluide sanguinolent, purulent et fétide en avant et en haut; séreux, jaune clair, en arrière et en bas. Elle indique une pleurésie et une excavation gangréneuse séparées par des adhérences. La ponction dans le foyer gangréneux avait créé un trajet fistuleux, l'état général était mauvais. On pratiqua, le 24 janvier, une incision de 3 centimètres en dehors du mamelon, sur les troisième, quatrième et cinquième espaces intercostaux. Il s'écoula quelques cuillerées de pus infect. Le doigt percevait, dans la profondeur de la plaie, les battements du cœur, et arrivait dans un tissu irrégulier et spongieux. Lavage léger avec de l'eau phéniquée. Le soir, expectoration de quelques cuillerées à soupe de sang. Dès lors, il ne survint aucun accident; l'amélioration s'affirma rapidement.

Il s'écoulait, par la plaie, des matières fétides; la fétidité de l'écoulement et de l'expectoration diminua promptement, puis disparut.

A la fin de janvier, il y eut encore quelques légères hémoptysies, une fièvre assez forte et quelques signes d'infiltration en arrière; ce fut tout.

Vers le milieu de février, la convalescence commença, et la guérison devint bientôt complète.

Je n'insiste pas sur les faits de Fenger et de Bacchini. Celui de Bull mérite, au contraire, de nous arrêter un instant. C'est un des plus remarquables que nous possédions.

La coïncidence d'une pleurésie à la base et d'un foyer gangréneux au sommet doit être rare ; en l'espèce, cette coïncidence est précieuse, car elle démontre des adhérences pleurales.

Le diagnostic solidement établi, l'indication opératoire posée nettement par la gravité des phénomènes locaux et généraux, la bonne conduite de l'action chirurgicale, tout donne à cette observation une valeur exceptionnelle.

Elle vient, en outre, à l'appui de celle de Lauenstein pour démontrer que l'on peut agir sur les poumons même au voisinage immédiat des organes les plus importants, cœur ou gros vaisseaux.

Je ne saurais discuter si la guérison est la conséquence de l'intervention armée ou celle d'une tendance naturelle de l'état général. Il me paraît certain, toutefois, que si l'opération n'a pas produit directement la guérison, elle l'a, du moins, admirablement préparée.

Leyden a présenté au Congrès des médecins allemands un malade chez lequel la pneumotomie a donné également les meilleurs résultats. L'intervention a paru motivée par la constatation d'une large excavation à la base pulmonaire ainsi que par une expectoration abondante et fétide.

On pourra, avec l'auteur, se demander si la cavité purulente est intra ou extra-parenchymateuse ; elle est probablement pulmonaire.

Voici, d'ailleurs, le résumé de ce nouveau fait.

Observation XXXIX

LEYDEN. *Deutsch. med. Woch.*, n° 28, 1883, p. 419

Homme fort gravement malade. Il était atteint soit de gangrène pulmonaire, soit de bronchite putride. Fièvre hectique. Expectoration quotidienne d'un demi-litre de liquide fétide ne renfermant pas, au moment de l'examen, des lambeaux pulmonaires sphacélés.

A la base du poumon gauche, siège de la lésion, on constatait une excavation avec souffle amphorique. La caverne était-elle pulmonaire ? On ne savait. Une ponction exploratrice donna peu de résultats.

Incision dans un espace intercostal, au niveau et un peu au dehors de l'excavation (on n'avait pas chloroformé le sujet de crainte d'accident anesthésique); il s'écoula une grande quantité de pus. Le lendemain, le malade ne crachait presque plus. Quelques jours après, on agrandit la plaie thoracique par la résection d'un fragment costal.

Lavages antiseptiques habituels.

Amélioration considérable.

Entré le *9 mai*, le sujet est, le *2 juillet*, en pleine convalescence.

Dans son mémoire de 1882, M. Koch a publié deux observations qui pourraient se ranger à côté des précédentes.

Le premier sujet présentait seulement quelques phénomènes putrides et ne se rapporte qu'indirectement à la gangrène pulmonaire ; son histoire est relatée au chapitre premier. Le second me paraît devoir entrer dans l'étude actuelle.

Ce dernier fait est remarquable moins par l'amélioration obtenue que par l'énergique répétition de l'action chirurgicale. A trois reprises, le thermo-cautère est enfoncé dans le parenchyme pulmonaire. Les opérations réitérées entreprises par Koch démontrent autant sa ferme conviction thérapeutique que la possibilité d'une action étendue et profonde sur les organes respiratoires.

Observation XL

W. Koch. *Deutsch. med. Woch.*, 1882, n° 32, p. 440

Krienke, vingt-quatre ans, cordonnier. Vers l'âge de sept ans, il a présenté un arthrite fongueuse du genou droit; en bas âge et dans ces dernières années, il a eu une série de pneumonies. Depuis 1878, il crache beaucoup, environ 400 cc. par jour; il a maigri, se plaint de dyspnée et de sueurs nocturnes profuses.

On constate, à l'auscultation, des signes de bronchite chronique vers le lobe supérieur droit et une caverne dans le lobe inférieur correspondant.

L'expectoration est gangréneuse, fétide. Une pleurésie droite nécessite deux ponctions; puis, comme l'abondance et la putridité de l'expectoration résistent à toute médication interne, on se décide à intervenir chirurgicalement.

26 juin 1882. — Résection de la sixième côte à sa partie antérieure; le thermo-cautère est enfoncé dans le poumon et conduit dans une caverne du volume d'un œuf, située à trois doigts de la surface pleurale.

Pas de réaction; l'expectoration tombe à 120 cc.

30 juin. — On va à la recherche de l'excavation qui fournit encore une telle expectoration.

Résection partielle de la huitième côte. Le thermo-cautère, enfoncé à 14 centimètres dans le lobe inférieur, tombe sur des dilatations bronchiques insignifiantes ; une ponction exploratrice suivie d'aspiration avec seringue de Pravaz et dirigée du côté de la colonne vertébrale, amène du pus séreux et fétide ; toutefois, aucune caverne n'est découverte.

11 juillet. — On tente une nouvelle exploration et on fait une incision entre les huitième et neuvième côtes, en dedans de l'omoplate. Des injections intrapulmonaires au thymol ressortent par les bronches et entraînent des débris gangréneux.

L'expectoration putride, bien que diminuée, persiste et l'amélioration n'est pas complète.

Mosler, dans un cas récent, n'a pas agi avec moins de vigueur que l'auteur précédent ; la terminaison a été fatale à bref délai.

Observation XLI

MOSLER. *Berl. kl.-Woch.*, 1883, t. XX, p. 289

Jeune garçon atteint de dilatation bronchique sacciforme, avec sécrétion putride. Ouverture par la paroi thoracique antérieure, au-dessous de la troisième côte. On transperce de part en part le poumon gangréné, et on établit une contre-ouverture vers l'angle de l'omoplate ; drainage.

Evacuation d'un liquide brun, à odeur cadavérique, et de lambeaux sphacélés.

Mort de septicémie au bout de quelques jours.

C'est le premier cas où le drainage est établi d'une manière si magistrale, à travers un poumon tout entier.

Dans les observations rapportées jusqu'ici, la gangrène pulmonaire est survenue consécutivement à un processus inflammatoire plus ou moins déterminé. Nous avons trouvé fréquemment, dans les antécédents des sujets, le mot de pneumonie.

Il ne m'appartient pas de discuter cette étiologie. J'observerai, toutefois, en passant qu'il convient de faire, à ce point de vue, certaines réserves.

La gangrène paraît tellement insolite dans la pneumonie, la pneumonie franche, bien entendu, que M. le professeur R. Lépine a pu dire, dans son excellent article du *Dictionnaire de Jaccoud :* « Elle est alors plutôt un accident ou une complication qu'une terminaison, dans le sens propre du mot» (1).

Quoi qu'il en soit, on est intervenu chirurgicalement dans des conditions différentes, dans la gangrène consécutive à un cancer de l'œsophage et à des accidents pyohémiques.

Observation XLII

Roy. med. and chir. Society of London, 11 novembre 1884

Cayley présente une pièce sur laquelle existe une gangrène pulmonaire consécutive à un cancer de l'extrémité inférieure de l'œsophage.

On constate une cavité faisant communiquer le poumon, l'estomac et l'œsophage à travers le diaphragme et la rate.

Gould, en consultation avec Cayley, a pratiqué le drainage et obtenu une notable rémission des symptômes.

On ne pouvait espérer mieux.

(1) *Dict. de méd. chir. prat.*, t. XXVIII, p. 469.

Observation XLIII

Cayley et Gould, *Med. Times*, 31 mai 1884, t. I, p. 747

Jeune fille, douze ans. Quatre ans auparavant, scarlatine suivie d'otorrhée. A son entrée, le 18 janvier 1884, on constate un abcès aigu de l'apophyse mastoïde gauche et une dénudation osseuse étendue jusqu'au conduit auditif externe.

Ouverture de l'abcès, râclage, ablations de portions osseuses ; amélioration.

Vers le *28 janvier*, symptômes de pyohémie, frissons répétés, fièvre élevée, rémittente.

Le *2 février*, on note une pleurésie droite avec induration de la base.

Le *7 février*, haleine fétide et évacuation purulente, nauséabonde.

Le *16 février*, matité à la base, remontant jusqu'à l'angle de l'omoplate et crépitation gazeuse en un point ; émaciation progressive; prostration.

Ponction pulmonaire avec un trocart volumineux et introduction d'un drain à travers la canule de l'instrument. Du pus fétide et des débris gangréneux s'échappent aussitôt.

L'enfant s'améliore rapidement; elle est évacuée, le *27 mars*, quarante jours après l'opération.

Ce cas de gangrène est des plus intéressants. Malgré la présence d'un épanchement pleurétique, la lésion pulmonaire ne laisse aucun doute. On doit, comme l'auteur, la rapporter à des accidents pyohémiques.

La guérison est survenue en partie du fait de l'âge de la malade, de la vitalité et de la réaction particulièrement énergiques chez les enfants, mais aussi, dans une large mesure, du fait de l'intervention chirurgicale.

Dans les observations précédentes, les antécédents opératoires ont paru peu considérables. La mort s'est produite généralement par infection septique ou désordres pulmonaires étendus ; elle a été presque toujours la conséquence de la lésion primitive.

Deux fois seulement nous constatons des complications mortelles, dépendantes, d'ailleurs, du poumon gangrénieux. Une embolie a emporté le malade de Williams ; une gangrène cutanée, celui de Finny.

Voici le premier fait.

Observation XLIV

C.-T. WILLIAMS. *The Lancet*, 1882, 23 déc., t. II, p. 1078.

Homme, quarante ans. Malade depuis un an, à la suite d'une pleurésie. Toux, expectoration naguère fétide.

Les signes physiques indiquent une pneumonie chronique double, des adhérences pleurales et plusieurs excavations du poumon droit. Gargouillement entre les deuxième et troisième espaces intercostaux, près de l'épaule ; entre les quatrième et cinquième, en dehors du mamelon ; en arrière, près de l'angle supérieur de l'omoplate.

Le traitement interne ne pouvant détruire la fétidité, le Dr Marshall fait une incision verticale de la quatrième à la sixième côte et plonge un trocart à quatre doigts de profondeur, vers la racine des poumons. De l'air s'échappe avec force ; il sort aussi des matières putrides et des produits gangréneux. Agrandissement de la plaie et drainage.

La fétidité dès lors disparaît, la toux diminue, la fièvre tombe et le sujet se promène dans le jardin de l'hôpital.

Le *11e jour* après l'opération, l'écoulement augmente et devient encore assez fétide. Céphalalgie, vomissements. Il survient tout à coup une hémiplégie gauche et de l'assoupissement; le sujet meurt dans le coma quarante-quatre jours après l'intervention chirurgicale.

Autopsie : abcès dans le lobe cérébral gauche ; pneumonie chronique ; adhérences pleurales ; excavations multiples de volumes variés ; la plus grande, atteignant la grosseur d'une orange, a été ouverte. Pas de tubercules.

Dans ce cas, l'amélioration postopératoire était très considérable ; on pouvait même espérer une guérison complète.

L'autopsie a cependant démontré la gravité et le nombre de lésions pulmonaires ; elle permet de moins regretter la complication qui a déterminé la mort.

Le second fait n'est pas moins remarquable.

Observation XLV

FINNY. *Dublin med. journ. of. med. Sc.*, 1er janv. 1884, t. II, p. 19

Homme, trente ans, cultivateur. Il y a trois semaines, il s'était mouillé ; depuis, toux, points de côté, faiblesse, etc...

Deux jours après son entrée, le 5 novembre, on diagnostique une pleurésie avec épanchement et épaississement de la plèvre. Le *9 novembre*, toux accrue, crachats rouillés, rougeur de la pommette droite ; mauvais état général. T. 103, P. 100, R. 56. Le *10 novembre*, durant la nuit, expectoration d'une demi-pinte de matières grisâtres, fétides ; cyanose ; situation grave.

Durant dix jours, diarrhée, odeur de plus en plus infecte, affaiblissement progressif; tintement métallique vers la cinquième côte gauche, près de l'aisselle, tympanisme en avant, matité et absence de la respiration à la base.

Les signes d'excavation étaient très évidents. La caverne siégeait en arrière de la pointe du cœur et s'étendait jusqu'à la ligne scapulaire vers les cinquième et sixième côtes.

On était résolu à intervenir; mais le 16, il apparut une pleurésie du côté droit et on renvoya l'opération.

Le *21 novembre*, ponction exploratrice dans le septième espace intercostal. Ni air ni liquide : pas de résultat. Le *24 novembre*, une nouvelle ponction au-dessus du sixième espace, près de l'angle de l'omoplate; elle donne issue à quelques gouttes de liquide fétide.

Bennett pratique dès lors une incision au-dessous de la septième côte, en évitant l'omoplate, et il enfonce un trocart dans la poitrine. Il s'écoule des matières fétides. On introduit un drain dans la profondeur de la plaie et on panse au sublimé. A peine y avait-il, dans les produits expulsés, quelques filets sanglants.

Au bout de vingt-quatre heures, la fétidité a disparu en grande partie et l'on constate une certaine amélioration.

Malheureusement, il se produit de l'emphysème autour de l'orifice cutané de la plaie; des gaz fétides envahissent le thorax, l'abdomen; les ponctions sous-cutanées ne produisent aucun effet utile et le sujet succombe le 26.

Autopsie.— Emphysème sous-cutané et musculaire étendu; gangrène diffuse; plusieurs cavernes non diagnostiquées. La principale excavation s'étendait de la partie antérieure du cœur à l'angle des cinquième et sixième côtes. La première ponction exploratrice n'avait laissé aucune trace.

L'emphysème, dans les cas analogues, est d'une gravité particulière, car les gaz fétides déterminent des phénomènes gangréneux rapidement mortels.

Strauss (1) l'a vu s'étendre à toute une moitié du thorax ; Stokes, jusqu'au scrotum.

Chez le sujet de Finny, les mouchetures, les ponctions sous-cutanées n'ont pu suspendre le processus nécrobiotique ; il est probable que le mauvais état général est pour beaucoup dans leur insuccès.

Toujours est-il qu'il faut, à tout prix, se tenir en garde contre une telle complication et créer aux gaz et aux liquides putrides une large voie d'échappement. C'est, sans doute, le meilleur moyen d'éviter l'infiltration des tissus voisins de la plaie pulmonaire.

APERÇU GÉNÉRAL DES OBSERVATIONS PRÉCÉDENTES

Numéros	AUTEURS	DATES	AGE des sujets	DÉBUT de la MALADIE	SIÈGE des lésions	DURÉE Post-opératoire	RÉSULTATS
1	Cayley-Lawson .	1879	40	5 semaines	Sommet et base	5 jours	Mort
2	S. Ch. Smith ...	1879	66	3 mois	Lobe moyen droit	12 jours	Mort
3	Bull	1881	23	?	Sommet gauche	Plusieurs mois	Guérison
4	Drinkwater.....	1882	63	1 mois	Sommet	10 mois	Guérison
5	W. Koch.......	1882	24	3 ou 4 ans	Partie moyenne	1 mois	Amélioration
6	Williams.......	1882	40	1 an	Côté droit	44 jours	Mort
7	Mosler.........	1882	?	?	Côté droit	?	Mort
8	Finny	1883	30	1 mois	Sommet gauche	5 jours	Mort
9	Bacchini	1883	?	?	4e espace	10 jours	Voie de guérison
10	Leyden.........	1883	?	Plusieurs mois	Base gauche	2 mois	Amélioration
11	Cayley-Gould...	1884	12	10 mois	Base droite	40 jours	Guérison
12	Fenger.........	1884	34	?	Lobe moyen droit	5 semaines	Voie de guérison
13	Cayley.........	1884	?	?	?	?	Mort

Les effets de la pneumotomie sont ici moins avantageux que dans les excavations simples. Nous constatons, dans le tableau précédent, qui résume les résultats obtenus :

(1) *Loc. cit.*, p. 410.

Amélioration...........	2 fois.
Voie de guérison........	2 —
Guérison complète......	3 —
Mort................	6 —

Il est probable, en outre, que plusieurs opérations malheureuses n'ont pas été publiées. Malgré la gravité de la gangrène pulmonaire, on reconnaît cependant l'utilité de l'intervention chirurgicale dans un certain nombre de cas.

La mort ou la guérison sont survenues généralement avec une grande rapidité. Cela se conçoit.

Si l'infection de l'économie est trop avancée, la pneumotomie ne produira qu'un amendement symptomatique léger et fugitif ; si, au contraire, l'empoisonnement organique est encore incomplet, l'incision large et les lavages détersifs, en tarissant la source des éléments toxiques, permettront bientôt une réparation complète.

Il arrive quelquefois, néanmoins, que le processus éliminateur et cicatriciel est lent à se manifester. L'excavation pulmonaire persiste alors plus ou moins longtemps ; elle se transforme en une cavité pseudo-kystique ou se comble lentement par un bourgeonnement concentrique.

Pénétré de l'étude que nous venons de faire, nous devons actuellement résumer les considérations thérapeutiques qui s'en dégagent à notre point de vue, énoncer les indications et les contre-indications de la pneumotomie dans la gangrène pulmonaire.

On ne saurait intervenir chirurgicalement dans la gangrène diffuse. La qualification même de cette forme de sphacèle représente une contre-indication formelle.

Dans la gangrène nettement circonscrite, la pneumotomie est quelquefois indiquée.

La guérison spontanée, préparée par une médication interne énergique, survient dans un certain nombre de cas. On peut l'espérer, surtout durant les premières périodes de la maladie. La faible étendue du processus gangréneux, la vigueur, le jeune âge du sujet, sont autant d'éléments qui commandent l'expectation. Mais si les conditions sont différentes, si seulement l'état général est gravement affaibli, s'il apparaît enfin une température excessive, des frissons, des sueurs profuses, du collapsus, les symptômes habituels, en un mot, d'une septicémie grave, je pense qu'on doit agir en toute hâte, avant qu'une intoxication profonde place l'affection au-dessus de nos ressources. Une précipitation exagérée est, en l'espèce, aussi funeste qu'une temporisation excessive.

Reste à déterminer les conditions locales de l'intervention. La précision diagnostique est la première d'entre elles ; on l'assurera par l'examen attentif du malade, par les signes plessimétriques et stéthoscopiques, et surtout par une ou plusieurs ponctions exploratrices.

Le siège de la lésion nettement reconnu, on incisera méthodiquement.

L'ouverture sera large, suffisante pour déterger complètement la cavité gangréneuse, assurer l'écoulement ultérieur, et même pour modifier au thermocautère, s'il le faut, son contenu et ses parois.

CHAPITRE IV

KYSTES HYDATIQUES

Le traitement curatif des kystes hydatiques des poumons comprend, aujourd'hui, les courants continus, la ponction simple, la ponction suivie d'injection irritante, l'incision large, au bistouri ou au thermocautère.

La pneumotomie, dans les kystes pulmonaires, paraît d'application récente ; elle est encore peu employée.

Malgré de nombreuses recherches bibliographiques, j'ai trouvé seulement trois faits dans lesquels on l'ait mise en pratique. Cette pénurie d'observations s'explique par la rareté relative de l'affection, par les difficultés diagnostiques qu'elle présente, et probablement aussi par la préférence légitime donnée à des moyens plus anodins et parfois efficaces.

Parmi les trois cas parvenus à ma connaissance, le premier est simplement mentionné, les deux autres sont rapportés avec quelques détails.

Voici d'abord ces derniers :

Observation XLVI

Mosler et Vogt. *New-York med: journ.*, 10 janvier 1885, n° 2 p. 35

Le sujet entre à l'hôpital le 6 juillet 1882. Toux spasmodique, douleur pectorale, tuméfaction thoracique. La percussion est pénible de la base de l'aisselle du côté droit vers la colonne vertébrale et la respiration, silencieuse.

Quelques râles de bronchite. Inhalations d'eucalyptol. Le jour même de ces inhalations, le 7 juillet 1875, le malade expectore des cysticerques.

Le *18 juillet*, à la requête de Mosler, Vogt résèque, au niveau du maximum des signes physiques précédents, quatre centimètres de la sixième côte. Plèvre adhérente. On ponctionne, avec un trocart de moyen calibre, le poumon en trois directions différentes. On ne retire que du sang spumeux. Pansement antiseptique. Pas d'incident ultérieur.

Malgré le résultat incomplet de l'opération, la toux diminue, l'expectoration de cysticerques cesse; le malade semble guéri et sort le 28 août.

Un an après, vers le milieu de septembre, il crache de nouveau des cysticerques et revient se faire opérer.

Le *20 octobre 1876*, Vogt résèque une partie de la septième côte et plonge le thermo-cautère dans le poumon. Le doigt, introduit dans la plaie, croit reconnaître une poche vésiculaire tendue. Le thermocautère, reporté dans cette direction, ouvre le kyste et donne issue à des cysticerques. Lavages soignés, pansement antiseptique.

Le soir de l'opération, T. 37°8, R. 20.

Les jours suivants, on fait des lavages salyciliques au centième. Rapidement l'apyrexie survient, la plaie bourgeonne et se ferme le 1er décembre. Plus d'expectoration de cysticerques.

Le malade sort le 10 décembre.

Le 1er mars, il travaillait à l'hôpital.

Observation XLVII

Fenger and Hollister. *American journ. of medic. Sciens.*, 1881, p. 377

Francesco Coputo, trente-quatre ans, cultivateur. Pas d'antécédents pathologiques ; bonne santé habituelle.

Il y a douze ans, faisant un service pénible, il rend deux onces de sang par la bouche. Pas de suites fâcheuses. Deux ans après, toux et douleur vers le sein droit, entre les troisième et cinquième côtes. Durant les années suivantes, pendant l'automne, la douleur reparut ; pendant les quatre dernières années, elle devint plus forte, surtout pendant la toux et quand il voulait soulever un fardeau sur l'épaule droite.

En *1878*, le sujet était à New-York. Il dut suspendre son travail à plusieurs reprises. La douleur du côté était très pénible ; elle s'accompagnait de toux et de crachats muqueux striés de sang.

En *novembre 1879*, il s'alita. Anorexie, fièvre, expectoration quotidienne d'une pinte de liquide muqueux sanguinolent. Une semaine avant son entrée à l'hôpital, il crache tout à coup une pinte de matières blanches comme du papier blanc.

Au moment de son arrivée à Cook-County-Hospital, toux intense, odeur désagréable diminuant dans le décubitus latéral droit.

C'est un homme grand, maigre, peu robuste.

La poitrine paraît normale et respire bien.

La percussion indique de la matité dans les régions mammaire, axillaire et sous-scapulaire du côté droit, durant la station assise ; dans le décubitus dorsal, la région mammaire devient tympanique.

A l'auscultation, le malade étant assis, la région mate offre une respiration obscure et des râles sibilants dans le reste du poumon ; couché, on constate, au niveau de la zone tympanique, une respiration caverneuse.

Ponction avec aiguille fine près du sein droit. On retire un liquide gris clair, contenant des globules purulents, des détritus graisseux et des bactéries.

Diagnostic. — Excavation superficielle de la portion antérieure du lobe moyen ; bronchite purulente diffuse circonvoisine.

Le matin, T. 99°, P. 84, R. 3 ; le soir, T. 102°, P. 90, R. 32.

Fenger voit le malade. Eu égard à la résorption putride manifeste, il décide d'intervenir.

26 décembre. — Anesthésie par l'éther. A un doigt en dehors du sternum, dans le troisième espace intercostal, parallèlement aux côtes, on fait une incision de un doigt et demi. La peau et les muscles incisés, on enfonce une aiguille et on constate qu'elle n'oscille pas durant les mouvements respiratoires.

On continue l'incision dans la profondeur et on ouvre l'excavation pulmonaire diagnostiquée.

Le doigt ne peut atteindre le haut de la caverne ; les parois sont souples en arrière et en dedans, dures, résistantes vers la région axillaire antérieure. On fait, entre les cinquième et sixième côtes, près du bord du grand pectoral, une contre-ouverture de dedans en dehors. On introduit un drain épais, de 1 centimètre de largeur, passant par les deux orifices, et on pratique des lavages phéniqués à 35 °/₀. L'écoulement est facile ; les liquides injectés sont violemment expulsés par la toux. Pendant les efforts du malade, il apparaît à travers la plaie une masse blanc jaunâtre, qui rentre dans la poitrine dès que la toux cesse.

On agrandit l'orifice, on introduit dans sa profondeur un doigt et une pince dilatatrice, et, la masse jaunâtre étant saisie, on l'extirpe complètement.

C'est une poche presque sphérique, de cinq ou six travers de doigt de diamètre. Sa paroi est homogène, gélatineuse, transparente. Le contenu, examiné au microscope, est celui d'un kyste hydatique. Il ne renferme pas de vésicules secondaires libres ou adhérentes.

Lavages antiseptiques jusqu'à ce que le liquide ressorte clair ; pansement antiseptique ; alcool, quina, morphine.

27 décembre. — T. 98, R. 88. Pas d'odeur fétide. Les liquides injectés s'échappent quelquefois par la bouche.

Les jours suivants, pansements ; les liquides détersifs sont encore un peu blanchâtres. T. 98° 5, P. 108.

28 janvier. — On a introduit précédemment une des extrémités du drain ; il ne reste qu'une ouverture thoracique.

6 février. — Cicatrisation complète de la plaie extérieure. Plus de toux, bon appétit, le malade se lève.

9 février. — Le sujet prend froid. Beaucoup de râles dans le poumon droit et à la base gauche. Expectoration muco-purulente, sans fibres élastiques.

27 février. — Les régions claviculaires droites sont submates et présentent de nombreux râles crépitants aux deux temps de la respiration ; les régions scapulaires du même côté sont peu sonores et offrent quelques râles. Râles crépitants à la base gauche.

Les jours suivants, l'état du malade s'améliore.

15 mars. — Percussion et respiration normales des deux côtés ; pas de râles ; toux légère, expectoration gris noirâtre (probablement d'origine nasale ou pharyngienne) ; douleur légère et fugitive vers la région opérée. Pouls bon, température normale ; appétit excellent. Les forces sont revenues, l'aspect général respire la santé.

7 avril. — Il sort.

Les observations précédentes offrent toutes deux une grande importance et chacune d'elles, un intérêt particulier.

Dans le fait de Mosler, l'existence du kyste hydatique était certaine et son siège, indiqué par la percussion et l'auscultation. L'opération, bien conduite, ne donna pas cependant le résultat attendu. La tumeur ne fut pas découverte et de nouveaux cysticerques, rendus par la voie bronchique, nécessitèrent une seconde intervention.

On remarquera que les adhérences de la plèvre ont évité tout épanchement dans sa cavité, que la résection costale a facilité la manœuvre opératoire et que l'emploi du thermo-cautère a conjuré facilement tout accident hémorrhagique.

Dans ce cas, comme dans un autre analogue, remontant à 1875, Mosler a obtenu un succès complet.

Le fait de Fenger et Hollister diffère sensiblement de celui de Mosler, au point de vue symptomatique.

Le diagnostic, nécessairement incomplet, n'est posé que consécutivement à l'opération. Peut-être l'examen répété des matières expectorées aurait-il mis sur la voie et révélé la nature véritable de l'affection? Peut-être aussi les hémoptysies antérieures auraient-elles donné l'éveil, si elles se fussent produites plus fréquemment et sans retentissement grave sur l'état général.

On n'a pas reconnu un kyste hydatique, mais on devait agir. L'événement, malgré les péripéties nombreuses qu'a traversées le malade, démontre d'ailleurs l'utilité de l'intervention armée.

Les kystes pulmonaires en ayant imposé pour des lésions plus vulgaires, bronchiectasies, cavernes tuberculeuses, etc., ne sont pas rares. La thèse de Hearn (1) en renferme plusieurs exemples.

Sans parler des renseignements précieux qu'on peut trouver dans l'examen microscopique des crachats, dans les ponctions exploratrices directes, on peut encore songer sérieusement aux kystes hydatiques du poumon lorsqu'il survient des hémoptysies légères et répétées, sans altération de la santé générale. On sait que les hémorrhagies bronchiques sont, en ce sens, presque pathognomoniques dans les contrées où la fréquence des cysticerques pulmonaires coïncide avec la rareté de la tuberculose.

Les résultats de la pneumotomie, dans le traitement des kystes des poumons, sont jusqu'ici des plus satisfaisants : trois opérations, trois guérisons. Est-ce à dire qu'il faille toujours intervenir d'une façon aussi radicale ?

Loin de nous cette pensée exclusive.

La pneumotomie, dans ces kystes, représente encore, en quelque sorte, *l'ultima ratio* thérapeutique.

Elle n'est applicable que dans des cas particuliers, après l'insuccès de moyens plus inoffensifs.

On ne saurait oublier, en effet, que certains kystes hydatiques du poumon guérissent spontanément ou après une simple ponction : spontanément, par élimination dans les bronches ; après ponction simple, par mort des cysticerques et retrait de la poche.

L'expectation et la ponction conduisent quelquefois à la guérison, mais peuvent aussi ne donner

(1) Th. Paris, 1875.

aucun résultat favorable. Les hémoptysies, les douleurs, les phénomènes inflammatoires provoqués par la tumeur kystique s'aggravent, altèrent l'état général et compromettent l'existence du malade.

Lorsque de nouvelles ponctions n'amendent pas les symptômes précédents, il faut agir énergiquement et recourir soit à la ponction suivie d'injection irritante, soit à l'incision large et au drainage.

Ces deux opérations me semblent présenter des indications spéciales.

Si le kyste pulmonaire est petit ou moyen, n'atteint pas, en un mot, de trop grandes dimensions, une injection alcoolique, iodée, etc., pourra suffire à la guérison, sans créer de grands dangers inflammatoires. Si, au contraire, la tumeur est volumineuse, on devra redouter un travail phlegmasique trop intense ou trop étendu et pratiquer la pneumotomie.

En tout cas, il faudra surveiller attentivement les effets des injections irritantes et se tenir prêt à ouvrir largement la cavité kystique au moindre signe de suppuration.

En résumé, la pneumotomie me paraît convenir aux kystes volumineux ou multiples menaçant la vie des sujets et résistant aux ponctions ordinaires.

Si le diagnostic topographique est assuré et favorable à l'intervention directe, celle-ci sera moins dangereuse par le bistouri ou le thermo-cautère que par les injections irritantes.

La présence habituelle des adhérences au voisinage de la tumeur évitera généralement l'épanchement de son contenu dans la plèvre. Cet épanchement ne constitue pas d'ailleurs une complication redoutable ; l'empyème immédiat en aura facilement raison.

La coexistence de plusieurs poches à cysticerques n'est pas une contre-indication de la pneumotomie ; on ferait tout simplement plusieurs incisions simultanées ou successives.

CHAPITRE V

CORPS ÉTRANGERS INTRA-PULMONAIRES

Je ne connais qu'une observation dans laquelle on ait pratiqué la pneumotomie pour un corps étranger des voies aériennes. L'opération d'ailleurs fut faite tardivement et dirigée autant contre une excavation pulmonaire que contre le corps étranger qui l'avait sans doute produite.

Ce fait n'en est pas moins extrêmement remarquable. Je le rapporte à peu près *in extenso*.

Observation XLVIII

KINGSTON FOWLER. *Soc. roy. med. chir.*, London, 27 mai 1884

Homme, trente-sept ans. Bons antécédents héréditaires. Pas de maladie avant le mois de novembre 1882.

A cette époque, il se rend chez un dentiste pour une douleur qu'il éprouvait vers la deuxième molaire inférieure gauche. La dent fut arrachée avec un élévateur, mais quand il demanda à la voir, on ne put la lui montrer. Le malade avait senti, au moment de l'extraction, quelque chose dans le gosier et toussé légèrement; une gorgée d'eau avait fait disparaître cette sensation.

En se levant de la chaise d'opération, il éprouva une dyspnée subite, intense, et faillit étouffer. Cet état dura quelques minutes, puis disparut; il resta cependant un point douloureux vers le sein droit.

La toux reparut, persista toute la nuit et les quinze jours suivants avec des périodes d'accalmie et d'exacerbation.

Il entra à Saint-Thomas Hospital, dans le service de Sharkey, et y demeura deux semaines. Il s'aperçut qu'une bonne dent lui manquait, et que celle qu'il croyait arrachée restait en place; la douleur de l'infortuné ne fit qu'augmenter. Il existait, à ce moment, une expectoration abondante, spumeuse, parfois teintée de sang.

Deux mois après, il entrait dans le service de Fowler. Il avait maigri de 15 livres, toussait beaucoup, respirait avec peine, et rendait, dans les vingt-quatre heures, une demi-pinte d'un mucus écumeux. T. 99°2, R. 30, P. 120.

La poitrine est large, mais vers les premier et deuxième espaces intercostaux droits, on constate une légère dépression. Expansion thoracique amoindrie à la base; au niveau de l'angle inférieur de l'omoplate, vibrations affaiblies. A partir de la sixième vertèbre dorsale, la matité apparaît et s'accentue en descendant, pour devenir absolue au niveau de l'angle du scapulum. Vers les régions claviculaire et mammaire droites, la respiration est rude, l'expectoration prolongée; à la partie inférieure de l'aisselle, on constate des frottements pleurétiques, du souffle bronchique en arrière; enfin, à deux doigts au-dessous de l'épine de l'omoplate, on trouve une large excavation. La base gauche offre quelques râles muqueux. Le cœur est normal.

Après consultation, on décide d'intervenir, d'ouvrir, de drainer la cavité et d'extraire, si possible, la dent tombée dans le poumon.

Le 2 *mars*, après anesthésie, Marshall enfonce, à deux

doigts de la colonne vertébrale et dans le huitième espace intercostal, un trocart et une canule de Hicks ; on incise ensuite, en bas et en dehors, puis on place un gorgeret de Hicks. Il s'écoule, à travers la plaie, du pus sanieux, fétide, mélangé d'air, et le malade rend, en toussant, trois ou quatre gorgées de sang.

Le chirurgien glisse son doigt dans la poitrine et arrive dans une cavité spacieuse, à parois indurées, située probablement dans le poumon. Une sonde, introduite, s'engage dans une bronche ; on la remplace par une pince, espérant saisir le corps étranger. Vains efforts ! On débride alors largement l'excavation avec un bistouri boutonné et sur conducteur. Une hémorrhagie considérable survient aussitôt (demi-pinte). On l'arrête par un tamponnement phéniqué qu'on laisse jusqu'au soir.

On trouve alors le tampon humide et on applique un pansement. T. 99°4. Morphine.

Crachats muqueux, rougeâtres.

Le *5 mars*, on enlève le tampon et on le remplace par un tube à drainage. T. 101, P. 120.

L'expectoration est muco-purulente, la toux persiste.

10 mars.— Le pansement est souillé par une matière analogue à celle de l'expectoration. Celle-ci est purulente et atteint 5 onces en vingt-quatre heures.

18 mars. — L'étendue du son caverneux a diminué ; on ne le perçoit nettement que sur la plaie.

Durant le mois d'avril, la toux est moins pénible, les sueurs sont moins profuses ; l'expectoration diminue, mais reste purulente et offre toujours quelques stries sanguinolentes. Jamais de bacilles.

On continue les pansements.

Le *29 mai*, durant l'anesthésie, on fait sans résultat une nouvelle exploration.

Le malade sort en juillet et rentre en août. On raccourcit graduellement le drain, et la plaie se ferme vers le mois d'octobre 1883.

Il passe l'hiver à l'hôpital. Même état : l'expectoration purulente et les signes cavitaires, un peu moindres, persistent. Les tissus péricaverneux sont indurés et présentent quelques craquements. Le reste du poumon paraît indemne.

En somme, l'amélioration est incontestable, mais la guérison complète n'est pas obtenue.

Il est inutile, je pense, de commenter cette observation. Elle comporte de nombreux enseignements et me conduit à discuter brièvement les médications de la pneumotomie dans les cas analogues.

Lorsqu'un corps étranger s'est introduit accidentellement dans les poumons, quels que soient son volume, sa forme, sa nature, une guérison spontanée peut se produire. Le plus souvent, l'expulsion a lieu au bout de quelques instants par des manœuvres vulgaires (toux, position, etc.); quelquefois, elle ne survient que tardivement; enfin, on connaît deux cas dans lesquels le corps étranger s'est enkysté dans le parenchyme pulmonaire et a été parfaitement toléré (1). Il suffit donc, tout d'abord, de parer aux accidents immédiats de suffocation.

Si l'expulsion ne se fait pas, si, malgré une temporisation méthodique, il apparaît des phénomènes alarmants, l'extraction, au moyen d'instruments appropriés, sera tentée avec persévérance.

La laryngotomie, la trachéotomie pourront être, comme on sait, d'un très puissant secours (2).

(1) Guyon. *Diction. Dechambre*, 2e série, t. I. p. 711.
(2) Voy. Poulet. *Corps étrangers en chirurgie*, 1879.

Mais lorsque tous ces moyens seront restés sans résultat, lorsque la vie du sujet sera menacée, lorsqu'enfin des signes suffisants de percussion et d'auscultation dénoteront la présence du corps étranger dans le parenchyme pulmonaire, ne sera-t-on pas autorisé à intervenir directement par la voie thoracique?

Si le siège du corps étranger est reconnu, la réponse n'est pas douteuse : il faut agir. Certes, ce diagnostic topographique présente de grandes difficultés, mais elles ne semblent pas nécessairement insurmontables.

Il se produït quelquefois, comme dans le fait précédent, une inflammation parenchymateuse plus ou moins intense, plus ou moins étendue et capable de fournir des indications précieuses.

Des signes stéthoscopiques et plessimétriques localisés, une douleur fixe indiquée par le malade, enfin des ponctions exploratrices fines et prudentes pourront, dans certains cas, légitimer une opération.

En agissant avec précaution, en se servant du thermo-cautère, le danger de l'intervention ne sera pas excessif. Celle-ci constitue d'ailleurs la dernière ressource pour le patient.

En somme, la pneumotomie, pour les corps étrangers intra-pulmonaires, n'est applicable qu'exceptionnellement, après un diagnostic topographique suffisamment précis et lorsque l'existence du sujet est gravement compromise.

Dans ces cas, toutefois, elle paraît formellement indiquée.

Ce qui précède s'applique aux corps étrangers, intra-pulmonaires en général. Qu'ils aient pénétré par la voie bronchique (dent, etc.), ou par la voie thoracique (balles, etc.), les indications restent identiques. Il semble même que ceux qui atteignent le poumon à travers les parois de la poitrine se prêtent mieux à l'intervention directe, car les plaies ou les cicatrices extérieures en révèlent approximativement la direction et le siège.

CHAPITRE VI

PROCÉDÉS OPÉRATOIRES. — TRAITEMENT CONSÉCUTIF

J'aurais pu me dispenser d'écrire ce chapitre. Le manuel opératoire n'embarrassera jamais un chirurgien. Quoi de plus simple, d'ailleurs, que d'arriver sans encombre dans une caverne dont la situation exacte, les rapports, etc., ont été préalablement déterminés?

Les auteurs, toutefois, n'ayant pas jusqu'ici opéré d'une façon identique, il ne sera pas inutile d'étudier les divers procédés employés, de les discuter, d'apprécier enfin les avantages et les inconvénients de chacun d'eux.

La question des adhérences pleurales au niveau de la lésion pulmonaire domine, pour ainsi dire, celle de l'intervention chirurgicale.

Leur absence, nous l'avons vu, est presque une contre-indication opératoire absolue. Il vaudrait mieux appliquer, au voisinage de l'excavation, des caustiques, comme Krimer, faire des ponctions réitérées, comme Godlee, essayer, en un mot, de provoquer une coalescence des feuillets de la plèvre, que de s'exposer à produire un pneumothorax. Cependant, si l'on avait la main forcée ou si le manque d'adhérences était reconnu trop tard, comme cela paraît être arrivé à Barry, à Graux et à d'autres, on pourrait tenter d'amener le poumon au niveau de la plaie cutanée et de l'y fixer d'une manière quelconque.

Si enfin une cavité, purulente ou kystique, déversait son contenu dans la plèvre, on pratiquerait aussitôt l'empyème et des lavages antiseptiques.

Le plus ordinairement, nous le savons, il existe des adhérences qu'une ponction exploratrice permet de reconnaître. L'opération se compose alors de trois parties distinctes :

1° *Incision des parties molles ;*
2° *Ouverture du poumon ;*
3° *Drainage.*

La *résection costale* sera mise en œuvre avant l'incision pulmonaire.

La section de la peau du tissu cellulaire souscutané et des parties molles sous-jacentes peut être horizontale, verticale, oblique, etc.

L'incision horizontale donne plus de facilité pour l'ouverture large d'un espace intercostal et ménage mieux, en avant, les muscles thoraciques; il faut toutefois une incision nouvelle si la caverne est plus haut ou plus bas qu'on ne l'avait prévu.

L'incision verticale pare à cet inconvénient et permet des ponctions exploratrices dans plusieurs espaces intercostaux, mais elle sectionne perpendiculairement les muscles de la paroi.

L'incision oblique tient le milieu entre les précédentes.

Les incisions de formes variées, en T, en ⊥, en H, quadrilatère, etc., sont surtout favorables quand on veut réséquer quelques portions costales.

Toutes, d'ailleurs, s'adressent à des cas particuliers et permettent d'atteindre le but qu'on se propose ; elles n'ont qu'une importance secondaire.

Arrivé sur les muscles intercostaux, il est bon de faire une nouvelle ponction exploratrice.

Le manque d'oscillation de l'aiguille confirmera définitivement l'existence des adhérences pleurales ; l'issue des gaz ou des liquides, la présence de l'excavation.

L'ouverture de celle-ci aura lieu aussitôt. En quel point faut-il la pratiquer? Il semble, *a priori*, qu'on doive inciser la caverne à la base pour faciliter l'écoulement de son contenu.

Si cette maxime est juste d'une manière générale, je crois, néanmoins, qu'il convient de s'en départir à l'égard des grandes cavités purulentes des poumons. Leur oblitération curative ne se produit pas, en effet, de haut en bas, mais concentriquement. La portion inférieure de l'excavation pourrait donc se combler alors que la supérieure serait encore occupée par des produits morbides. Le drain, dans ce cas, comme on l'a noté plusieurs fois, deviendrait inutile ou serait introduit avec difficulté. Le succès définitif se trouverait compromis.

J'estime donc qu'il faut ouvrir les cavernes de volume ordinaire à leur partie déclive et les grandes, à leur portion moyenne.

L'aiguille exploratrice a déjà démontré si la caverne pulmonaire est superficielle, tangente à la paroi thoracique ou, au contraire, profonde, séparée de celle-ci par une lame saine, d'épaisseur variable. Dans le premier cas, le bistouri, conduit ou non par un conducteur, ouvrira sans danger la cavité morbide; dans le second, on devra redouter une hémorrhagie plus ou moins grave.

Le tamponnement, on l'a vu dans plusieurs observations, a raison de l'écoulement sanguin, mais il vaut mieux éviter ce dernier, et remplacer l'instrument tranchant par le thermo-cautère. On empêche ainsi la pénétration du sang dans les bronches, on éloigne tout accident de suffocation, et, chose importante, on opère à peu près à sec.

L'exploration de la cavité rendra les plus grands services, elle donnera de nouveaux renseignements sur l'étendue, la forme, la constitution de la caverne. Cette exploration peut se faire avec une sonde métallique ou en gomme, un stylet, une tige mousse quelconque, mais le chirurgien préférera le doigt à tous ces instruments.

Il est bon, le plus souvent, de ménager les tractus qui traversent les cavernes pulmonaires ou sillonnent leurs parois. Les vaisseaux qu'ils contiennent sont ordinairement oblitérés, mais ils peuvent rester perméables et donner lieu, par rupture, à des hémorrhagies fâcheuses. Les détritus gangréneux ou caséeux ont été quelquefois retirés à l'aide du manche du scalpel, des pinces, des doigts, etc. ; si on en croit l'extraction nécessaire, il convient de tenir le thermo à sa portée. Celui-ci, ainsi que le dit W. Koch, sera quelquefois utile pour modifier les parois des cavernes tuberculeuses. Je ne m'arrête pas naturellement à l'examen des cas dans lesquels il existerait plusieurs excavations exigeant la pneumotomie. On les ouvrirait successivement de la même façon que précédemment, ou, s'il était possible, à travers la première incision.

Le drainage sera toujours pratiqué. Bien que son utilité ait été parfois mise en doute, bien qu'on lui ait même attribué certains inconvénients, son indication, dans la pneumotomie, me paraît presque absolue. C'est aussi l'opinion de Bull.

Les auteurs ont employé, jusqu'ici, des drains variés, en argent, en caoutchouc durci, en gomme élastique. Ces derniers méritent la préférence. Les tubes rigides sont mal supportés ; heurtant, durant les mouvements respiratoires, les parois de l'excavation, ils occasionnent de la douleur et quelquefois des hémorrhagies. Les tubes souples, au contraire, sont parfaitement tolérés. Ils ne sauraient blesser le parenchyme pulmonaire ; ils s'adaptent aux sinuosités, se plient aux changements de forme de la cavité et suffisent aux besoins de l'écoulement et des lavages ultérieurs. Ils remplissent toutes les conditions du drainage parfait.

Pour éviter cependant, durant les injections détersives, antiseptiques, l'accumulation des liquides dans la cavité et leur issue dans les bronches, il paraît utile d'employer un double tube ; on pourra s'en dispenser, si l'on pratique une *contre-ouverture*.

Celle-ci, nécessaire dans les grandes excavations, se fait généralement au point le plus déclive. Il est superflu d'en indiquer la manœuvre opératoire.

Eu égard à la mobilité de la paroi thoracique, les drains doivent être soigneusement fixés.

Restent le pansement et le traitement consécutifs. Avant de m'en occuper, je dois examiner une question très importante dans le traitement chirurgical des excavations pulmonaires : je veux parler de la résection costale.

Certains auteurs, nous le savons, l'ont employée. Ils ont fait l'ablation de quelques centimètres d'une ou de plusieurs côtes, les uns pour se donner du jour, les autres pour faciliter le drainage. Bull (1) est le seul qui parle de résection *secondaire* pour hâter la guérison de l'excavation pulmonaire.

A mon sens, la résection costale, dans les cas qui nous occupent, doit être *primitive* et plus généralisée. Elle se proposera une action spéciale. Sans parler de ses avantages dans la manœuvre opératoire et l'établissement du drainage, elle devra avoir pour but essentiel d'assouplir la paroi thoracique correspondant à l'excavation, de la mobiliser et de faciliter son retrait.

C'est une nouvelle application de l'opération de *Gayet-Létiévant*, dite d'*Estlander* (2).

(1) Congrès de Copenhague, août 1884.

(2) Il est aujourd'hui démontré que l'opération préconisée par Estlander a été, avant lui, conçue par M. Gayet et pratiquée par M. Létiévant. Voy. Chabalier, Th. Montpellier, 1875, p. 19; Maurice Pollosson, *Lyon-Médical*, fév. 1884, t. XLV, p. 267, et 23 nov. 1884, t. XLVII, p. 402.

Elle sera aussi utile et rationnelle que dans le traitement de l'empyème où elle a fait ses preuves.

Ainsi que je l'ai dit ailleurs (1), elle rendra, dans le traitement de quelques excavations pulmonaires, les plus grands services.

Les cavernes du poumon, en effet, quelle que soit leur origine, guérissent seulement par la production de bourgeons charnus tendant à les combler ou par formation d'une membrane néogène qui les tapisse et les transforme en cavité pseudo-kystiques.

La rigidité des parois cavitaires, en retenant celles-ci fortement écartées, nécessite un travail de réparation de longue durée ; la souplesse de la paroi antérieure obtenue par le « *désossement costal* » facilitera sa rétraction rapide et diminuera considérablement le volume de l'excavation. Elle pourra même aboutir, si la résection est largement pratiquée, à l'adossement des parois et à leur prompte adhésion. En tous cas, elle hâtera singulièrement la guérison.

La résection sera d'autant plus nécessaire et plus étendue que les côtes seront plus rigides et que l'excavation paraîtra plus vaste.

On pourra l'appliquer avec quelque avantage, dans presque tous les cas, sans accroître notablement les dangers de l'intervention.

M. D. Mollière, dans une discussion récente de la Société des Sciences médicales, à la suite de ma proposition concernant l'application de l'opération de Gayet-Létiévant au traitement de quelques excava-

(1) *Soc. Sc. méd.*, séance du 22 avril 1885.

tions pulmonaires, s'est demandé si, pour mobiliser la paroi thoracique, on ne pourrait pas remplacer la résection des côtes par l'ostéoclasie costale.

L'idée est véritablement ingénieuse ; mais est-elle également pratique? Que le savant chirurgien en chef de l'Hôtel-Dieu me pardonne, mais j'en doute.

L'ostéoclasie qui, entre ses mains et celle de mon ami M. V. Robin, a rendu ailleurs des services immenses à la chirurgie, me paraît ici *insuffisante* et *dangereuse* : insuffisante, parce qu'elle ne mobilisera qu'incomplètement et temporairement la paroi thoracique au niveau de la caverne ; dangereuse, parce qu'elle localisera difficilement le siège des fractures des côtes et pourra produire des esquilles, des pointes osseuses capables de blesser le parenchyme pulmonaire voisin.

L'ostéotomie suivie de résection costale offre une précision et une innocuité à peu près absolues.

Jusqu'à preuve du contraire, on devra donc préférer, en l'espèce, la résection à l'ostéoclasie costale.

Arrivons au traitement consécutif de la pneumotomie.

Les lavages antiseptiques constituent la partie essentielle. Divers liquides ont été employés : solutions iodées, phéniquées, boriquées, salycilées, au permanganate de potasse, etc.; dans quelques petites hémorrhagies, on s'est servi heureusement de perchlorure de fer étendu d'eau.

Le choix du liquide antiseptique n'offre rien de particulier. Mosler vante l'acide salycilique en solution ordinaire. Il suffira de se rappeler que l'acide phénique;

en raison de son action toxique, doit être employé avec prudence. La solution sera chaude ou froide; il vaudra mieux la faire tiédir si l'on ne craint pas d'hémorrhagie. Les injections devront être copieuses, mais poussées avec ménagement. Il faut éviter qu'elles pénètrent dans les bronches et provoquent des accès de suffocation.

On continuera les lavages jusqu'à ce que les liquides injectés ressortent clairs; on les renouvellera deux, trois fois par jour, plus souvent même si les phénomènes locaux ou généraux indiquent de la rétention et de la résorption putrides.

Au fur et à mesure que l'amélioration surviendra, que la fièvre diminuera, les lavages seront plus rares. Si l'excavation se comble, se rétrécit, on raccourcira les drains graduellement, avec prudence; on pourra les remplacer par d'autres plus petits, mais on ne les enlèvera définitivement que lorsque l'écoulement aura complètement cessé.

Nous avons vu, dans un cas, le danger de la fermeture prématurée de l'orifice cutané.

Faut-il, après la pneumotomie, appliquer un pansement antiseptique rigoureux?

Cette question a été récemment agitée devant la Société de Londres, à propos d'un fait de Williams.

Les uns, considérant que la caverne pulmonaire communique, par les bronches, avec l'air extérieur, rejettent l'antisepsie comme inutile (E. Owen); les autres (Williams) l'emploient, dans les milieux hospitaliers, beaucoup plus pour les voisins de l'opéré que pour l'opéré lui-même; certains, enfin, s'en montrent partisans, soit dans les cas où les adhérences pleurales font défaut, soit d'une manière générale.

Il est évident que si, en l'espèce, l'antisepsie n'est pas nécessaire, elle est au moins utile. Pourquoi, d'ailleurs, se priver volontairement d'une méthode qui, à un moment donné, peut éviter des accidents infectieux?

Les pansements, dans la pneumotomie, seront donc parfaitement antiseptiques, larges, épais, légèrement compressifs, capables de garantir la plaie contre les agents extérieurs et d'absorber les produits de décharge qui s'écoulent abondamment de la poitrine. On les renouvellera après chaque lavage.

TROISIÈME PARTIE

DES INJECTIONS INTRA-PULMONAIRES (1)

Les injections que nous étudions diffèrent absolument de celles que Horace Green, vers 1856, pratiqua par la voie bronchique. Elles ont lieu directement à travers les parois thoraciques; elles recherchent une action antiseptique. Nées sous l'influence des doctrines actuelles, leur origine remonte seulement à ces dernières années. Jusqu'ici, les injections intra-pulmonaires ont été faites dans les cavernes, les dilatations bronchiques et les infiltrats tuberculeux. Elles ont eu pour but, tantôt de désinfecter des cavités pathologiques où stagnaient des liquides putrides, tantôt de détruire les micro-organismes pathogènes.

La méthode des injections intra-pulmonaires est-elle suffisamment innocente dans ses applications pour être mise en pratique chez l'homme?

(1) Bien que ces injections puissent s'appliquer au traitement de plusieurs affections inflammatoires des poumons, je ne sortirai guère du domaine de la tuberculose. Je tiens, en l'espèce, à ne parler que de ce que j'ai vu.

Cette question a été résolue par l'expérimentation et par la clinique.

§ 1. — EXPÉRIMENTATION

W. Koch (1), l'un des premiers, injecta de l'iodate de soude, de l'iode pure, dans les poumons de plusieurs animaux, et put, sans dommage apparent, transformer des portions parenchymateuses étendues en tissu cicatriciel.

E. Fraenkel(2), employant des substances variées, acétate d'alumine 2 à 5 °/₀, acide phénique, 1 à 4 °/₀, acide borique 4 °/₀, iodoforme 5 °/₀, a constaté, dans de nombreux essais, des lésions insignifiantes. Au lieu même de l'injection, il se produit quelquefois une petite ecchymose, il apparaît une inflltration et une prolifération cellulaires légères; la réaction est peu marquée et le processus inflammatoire, localisé, tend vers la résolution.

Nous avons obtenu, M. R. Lépine et moi (3), des résultats analogues chez le chien, avec la créosote à 1/50 et 1/25. Si l'on sacrifie l'animal au bout de deux ou trois jours, on trouve, au point injecté, un noyau d'apparence congestive caractérisé : macroscopiquement, par une rougeur sombre, l'atélectasie, l'augmentation de la densité; microscopiquement, par l'accumulation des cellules embryonnaires et des

(1) *Arch. f. Kl. chirurg.*, 1873, t. XV, p. 706.
(2) *Deutsch. med. Woch.*, 1882, n° 4, p. 51.
(3) *Lyon-Médical*, 1885, t. XLVIIIe, p. 5.

globules sanguins dans les vésicules pulmonaires ou le tissu interstitiel, par un gonflement de l'endothélium et quelquefois une légère exsudation fibrineuse.

Mon excellent maître a bien voulu continuer, à mon intention, ses premières recherches expérimentales ; voici ce qu'il a constaté :

L'alcool seul détermine la production d'un noyau assez diffus, d'apparence congestive, vide d'air, présentant histologiquement des lésions irritatives dont l'intensité varie selon que le point pulmonaire qu'on examine est plus ou moins éloigné du lieu de la piqûre. Tout près de celle-ci, les altérations nécrobiotiques prédominent ; plus loin, les alvéoles contiennent, selon les cas, des globules rouges, des globules blancs et des cellules endothéliales gonflées. Les interstices sont envahis par des éléments embryonnaires.

Les injections d'une solution saturée d'acide borique et d'alun sont parfaitement tolérées par le parenchyme pulmonaire ; elles n'amènent pas de lésions notables. Celles de sublimé produisent, au contraire, des phénomènes relativement considérables. Au demi-millième, le sublimé donne lieu à des altérations anatomiques qui rappellent macroscopiquement celles d'une congestion inflammatoire œdémateuse, mais qui, au microscope, semblent appartenir à la pneumonie fibrineuse : on trouve, en effet, dans les alvéoles, bon nombre de globules blancs au sein d'un réseau fibrineux d'apparence identique à celui de la pneumonie franche.

§ 2. — Clinique

Des injections médicamenteuses ont été faites chez l'homme par divers médecins, soit dans les excavations pathologiques des poumons, soit dans le parenchyme de ces organes.

Mosler (1), dans les cavernes de deux tuberculeux, fit des solutions étendues de permanganate de potasse. Pepper aurait fait, d'après Beverley (2), sur dix-sept sujets, deux cent quatre-vingt-deux injections d'acide carbolique dilué, de solution de Lugol ou de liqueur de Monsel.

Il n'a jamais constaté d'hémorrhagie, la chute du liquide dans la plèvre ou une irritation marquée, déterminée par le passage de la canule à travers le tissu pulmonaire, sain ou pathologique.

E. Fraenkel (3) a injecté six fois, dans un cas de bronchite putride, de l'acide phénique au 1/20. Otto Seifert (4), cinq ou six fois le même liquide à 3/100. Sokolowski (5), plusieurs fois de la teinture d'iode diluée. Marigliano (6), du nitrate d'argent; enfin, Beverley, puis moi-même, dans le service de M. le professeur Lépine, diverses autres substances.

Dans aucun cas, ces manœuvres n'ont provoqué

(1) *Berl. kl. Woch.*, 1873, n° 43, p. 509.
(2) *Med. Rec. New-York*, 1885, n° 2. january 10.
(3) *Deutsch. med. Woch.*, 1882, n° 4, p. 51.
(4) *Berl. kl. Woch.*, 1883, n° 24, p. 357.
(5) *Deutsch. med. Woch.*, 1883, t. I, p. 106.
(6) *Gaz. méd. ital. Prov. ven.*, 1883, n° 10.

de phénomènes inquiétants. Fraenkel n'a rien observé de particulier ; Sokolowski a constaté, à plusieurs reprises, de la toux, de la dyspnée, de la fièvre et un peu de faiblesse. Pepper et Beverley ont noté divers symptômes sur lesquels nous reviendrons.

La plupart des auteurs n'ont produit, chez leurs malades, aucune amélioration sensible ; les médecins américains, au contraire, signalent à l'actif de cette thérapeutique, une diminution fréquente de la toux, de l'expectoration, de la douleur et de la dyspnée ; les signes stéthoscopiques auraient été quelquefois avantageusement modifiés.

Je pourrais indiquer en détail les divers symptômes constatés pendant et après les injections intrapulmonaires par Pepper et Beverley, mais, comme ils n'offrent rien de particulier, je préfère relater ce que nous avons personnellement observé.

Tout d'abord, la méthode des injections dans le parenchyme du poumon est-elle justifiée? Etant donnée la résistance connue des bacilles tuberculeux vis-à-vis de la plupart des agents antiseptiques, ne peut-on pas, *a priori*, douter de son utilité? A cette objection capitale, nous répondrons qu'en injectant, dans le tissu pulmonaire, une solution un peu concentrée, on met, à dose suffisante, le liquide antiseptique directement en contact avec le bacille.

Le principal désidératum, sera d'atteindre *tous* les organismes pathogènes de la région malade. Nous nous placerons, à ce point de vue, dans les meilleures conditions possibles, en n'intervenant que dans les cas de lésions peu avancées.

M. Lépine a choisi, comme agent modificateur, la créosote,en raison de son utilité reconnue chez les phthisiques ; nous avons employé la créosote en solution de deux à quatre p. 100 dans l'alcool à 90°.

Les injections sont au nombre de vingt-cinq, les malades, de quinze.

Les quantités injectées ont varié de quelques gouttes à quinze et vingt centimètres cubes.

Les sujets ont généralement reçu une seule injection ; quelques-uns, deux, trois et quatre injections, à des intervalles variant de quelques jours à plusieurs semaines.

Deux fois, chez le même malade, nous avons opéré à la base du poumon ; il s'agissait d'une broncho-pneumonie tuberculeuse de tout un côté.

Dans les autres faits, l'injection était dirigée contre de simples infiltrations des sommets, à travers les premier, deuxième et troisième espaces intercostaux droits ou gauches. Dans quelques cas , les lésions étaient étendues et déjà avancées.

Dans un premier temps, l'aiguille n° 1 de l'aspirateur Dieulafoy, montée sur une grosse seringue de Pravaz, était enfoncée, durant l'inspiration, d'abord perpendiculairement à la paroi, puis, dans le poumon, obliquement, en s'éloignant du hile.

Cette acupuncture rendait exactement compte du siège, de l'étendue et de l'intensité des lésions pulmonaires. Ainsi que Koch et Hiller l'ont noté, ainsi que M. le professeur Lépine et moi-même l'avons observé sur le vivant et sur le cadavre, l'aiguille donne des renseignements exacts touchant la souplesse, l'induration, etc., du parenchyme ; elle précise admirablement le diagnostic topographique.

Dans un deuxième temps, nous instillions souvent, au préalable, 1 cc. de solution de morphine 1/1000, puis nous injections lentement, goutte à goutte, le liquide irritant.

Fréquemment, nous avons opéré successivement en des points différents ; il a suffi pour cela de retirer légèrement l'aiguille et de l'enfoncer dans une autre direction.

Les phénomènes subjectifs observés chez nos malades, pendant ou immédiatement après les injections, sont à peu près nuls.

Cinq fois seulement, la *douleur* a été vive ; cinq autres fois, légère ; deux fois, elle a persisté de quelques heures à plusieurs jours.

La *toux*, nulle ou rare, s'observe ordinairement lorsque le liquide injecté pénètre dans les ramifications bronchiques ; deux fois, dans ces conditions, elle a paru très pénible.

Jamais d'*hémoptysie ;* à peine, dans trois cas, un *crachat hémoptoïque.*

De l'emphysème sous-cutané, localisé, s'est présenté quatre fois ; six fois également nous avons observé une élévation thermique de 1°6. Un homme et une femme enfin ont éprouvé une légère poussée pneumonique qui fut complètement résolue le troisième jour. Le premier avait la *pupille plus dilatée*, et le second le *membre supérieur plus chaud du côté de l'injection* que du côté opposé.

Fréquemment, nous avons constaté un *abaissement de la température* le soir même.

Les signes physiques, résultant des injections intra-parenchymateuses, sont des plus remarquables.

Immédiatement après l'opération, la sonorité se modifie ; elle diminue quelquefois et augmente souvent. Les râles sous-crépitants préexistants disparaissent habituellement et font place à du silence respiratoire.

Rarement ces râles persistent et deviennent plus gros et plus nombreux. Jamais de souffle.

Le lendemain et le surlendemain, la percussion reste à peu près la même ; la respiration demeure assez obscure ; parfois, on trouve quelques râles ronflants à timbre éclatant.

Au bout de quelques jours, les phénomènes plessimétriques et stéthoscospiques redeviennent sensiblement les mêmes qu'avant les injections ; les derniers ont paru quelquefois s'amender ; certains malades ont manifesté spontanément une amélioration subjective.

La toux, durant plusieurs jours, a été moindre ; l'expectoration a diminué ; l'appétit et le sommeil sont devenus meilleurs.

Nous avons attribué ces effets à l'absorption d'une forte quantité de créosote.

Tels sont les divers phénomènes observés à la clinique de la Faculté de Lyon. Nous n'avons provoqué, ainsi que cela est arrivé une fois à Beverley, ni syncope ni hémoptysie abondante ; nous avons, par contre, obtenu comme lui, un léger amendement symptomatique.

Les phénomènes les plus marqués semblent être

survenus chez les malades dont les lésions tuberculeuses étaient le moins avancées. Il est probable que la diffusion du liquide injecté se produit aisément dans le parenchyme sain ou presque sain et avec difficulté dans les conditions opposées. L'action irritante est en rapport direct avec cette diffusion ; la réaction inflammatoire, la douleur, la fièvre, etc., seront donc plus développées dans la tuberculose au début que dans les périodes ultérieures.

Nous n'avons pu constater *de visu* l'état local des lésions provoquées par nos opérations, puisqu'il n'y a eu aucun décès immédiat. Dans les deux ou trois cas de mort examinés par la suite, il ne restait aucune trace des piqûres ou des injections.

On conçoit d'ailleurs qu'il doive en être pour l'homme comme pour l'animal. Chez ce dernier, nous savons que les lésions sont peu étendues, peu profondes et disparaissent rapidement ; chez le premier, l'analogie et l'examen stéthoscopique conduisent aux mêmes conclusions.

Les recherches précédentes sont, toutefois, insuffisantes pour déterminer la valeur thérapeutique des injections intra-parenchymateuses dans la tuberculose pulmonaire. Elles doivent être continuées avec de nouveaux agents médicamenteux et dans une voie essentiellement expérimentale. Il faut préciser, en effet, leur action sur le tubercule. Injectant des liquides divers dans les poumons d'animaux tuberculeux, cobayes, lapins, vaches, etc., on pourra suivre la marche du processus provoqué et son influence sur les lésions spécifiques.

W. Koch a pu produire, chez l'animal, par des injections concentrées de teinture d'iode, la transformation fibreuse de portions saines des poumons. Si l'on atteignait ce résultat dans les poumons tuberculeux, en détruisant les bacilles, on réaliserait un immense progrès thérapeutique. C'est une question à mettre à l'étude et que le manque de temps m'a naturellement empêché d'aborder.

En jetant un coup d'œil d'ensemble sur les faits et les considérations renfermés dans ce chapitre, nous voyons que les injections intra-pulmonaires ont été pratiquées sur les animaux et sur l'homme.

Chez divers animaux, elles n'ont produit, à doses modérées, que des lésions peu importantes, localisées, à tendance régressive ; chez l'homme, elles se sont comportées différemment dans les cavernes et dans le parenchyme.

Dans les excavations simples ou tuberculeuses, ces diverses injections sont parfaitement tolérées, mais, en dehors d'une action plus ou moins désinfectante, elles ne déterminent aucune amélioration.

Dans les infiltrations inflammatoires vulgaires, elles semblent quelquefois provoquer certaines modifications avantageuses en rapport surtout avec l'état subjectif.

Dans les infiltrations tuberculeuses, les liquides antiseptiques n'ont pas encore donné de résultats bien marqués. Elles paraissent néanmoins à peu près innocentes.

Quant aux injections créosotées alcooliques, je ne

puis que répéter textuellement ce que je disais dans un récent travail (1).

1° Les injections intra-parenchymateuses d'alcool créosoté dans les poumons tuberculeux, faites *avec précaution*, loin du hile, à travers les deux premiers espaces intercostaux, n'ont eu, jusqu'à présent, d'autre résultat fâcheux qu'une douleur non constante (on peut le supprimer à l'aide de la morphine) et parfois une légère élévation de température ;

2° *Dans aucun cas*, l'inflammation provoquée par l'injection n'a paru déterminer de caséification ou exercer une action défavorable sur la marche de la tuberculose, alors même qu'on croit agir sur des lésions avancées ;

3° L'absence de résultats satisfaisants, dans ces dernières conditions, porte à rejeter les injections intra-parenchymateuses dans les poumons dont les lésions tuberculeuses sont étendues et ont dépassé manifestement le premier degré ;

4° Les injections créosotées, chez quelques sujets atteints de lésions peu avancées, ont été suivies d'une certaine amélioration, non seulement subjective, mais encore objective ;

5° Il convient néanmoins de faire des réserves sur leur valeur curative, même dans les cas les plus favorables, c'est-à-dire dans la *tuberculose localisée* et au *premier degré*.

Quant aux injections médicamenteuses dans les excavations ou le parenchyme du poumon, en sup-

(1) *Lyon-Médical*, 1885, t. XLVIII, p. 8.

posant qu'elles n'offrent généralement que peu de danger, leur action thérapeutique est encore *problématique*.

On pourra toutefois y avoir recours dans quelques cas déterminés :

Dans un *but antiputride*, lorsque des cavernes superficielles seront le siège de phénomènes septiques graves et que la pneumotomie ne sera pas acceptée ;

Dans un *but curatif*, si des découvertes ultérieures font connaître des agents médicamenteux capables de ménager le parenchyme pulmonaire et de détruire ou de modifier avantageusement les lésions tuberculeuses ;

Dans un *but hémostatique* (Pepper, Beverley), quand le siège d'une hémoptysie sera limité, abordable et nettement reconnu.

C'est une voie à explorer longuement.

L'opération est extrêmement simple. Pour agir sans danger, il suffira de posséder exactement certaines notions d'anatomie topographique des poumons. Je les rappelle sommairement à notre point de vue, en les faisant accompagner de quelques considérations pratiques.

On peut considérer, dans les poumons, trois portions distinctes : supérieure, moyenne, inférieure.

L'*inférieure* s'enfonce, d'une part, dans le sinus costo-diaphragmatique et se moule, d'autre part, sur la convexité du muscle diaphagme. Elle est abordable : en avant, à travers les troisième, quatrième et cinquième espaces intercostaux ; sur les parties latérales, à travers les quatrième, cinquième et sixième espaces ; en arrière, entre la colonne vertébrale et le bord spinal de l'omoplate, à travers les sixième, septième et huitième espaces.

La *moyenne* est la plus accessible. On peut l'atteindre facilement sur tous les points, même sous l'omoplate en pénétrant obliquement, soit de dehors en dedans soit de dedans en dehors.

La *supérieure* présente de sérieuses difficultés opératoires.

En raison de ces difficultés et de la fréquence des lésions tuberculeuses qui s'y rencontrent, j'ai cru devoir étudier les rapports des sommets pulmonaires avec le plus grand soin. J'ai mis à profit les descriptions classiques et quelques dissections spéciales.

Le sommet du poumon occupe la fosse sus-claviculaire. Il répond, en dehors, à la première côte qu'il déborde souvent de un ou deux centimètres; en dedans, à l'artère sous-clavière qui fournit près de lui l'intercostale supérieure. Il est recouvert par des muscles, des nerfs et des vaisseaux. Les muscles, scalènes, omoplat-hyoïdien, etc., sont compris entre le sterno-mastoïdien et le trapèze ; les nerfs, branches ou rameaux du plexus brachial ou du plexus cervical, sont antéro-internes ou de petit volume.

En l'espèce, ils nous intéressent peu. Les vaisseaux doivent nous préoccuper davantage.

La veine jugulaire externe croise la fosse sus-claviculaire ; elle aboutit en dedans du milieu de la clavicule. Les artères et les veines scapulaires supérieures et postérieures dominent; en dehors, les sommets pulmonaires.

L'artère et la veine sous-clavières s'engagent obliquement sous la moitié externe de la clavicule.

Des organes vasculaires importants sillonnent donc en divers sens la région sus-claviculaire ; ils recouvrent médiatement les premier, deuxième espaces intercostaux et les sommets pulmonaires sous-jacents.

On peut, à la rigueur, aborder directement ces derniers, soit en dedans du bord spinal du scapulum, soit en arrière de la jugulaire externe, ou mieux en rasant le bord supérieur de l'omoplate, en dehors de l'échancrure traversée par le nerf sus-scapulaire et contiguë à l'artère du même nom. En ce point, à travers le deuxième espace intercostal, le sommet du poumon est parfaitement accessible.

Malgré la possibilité d'une intervention directe en cette région, je la repousse formellement : elle expose à de sérieux accidents. On peut d'ailleurs agir sur les sommets pulmonaires par les régions axillaires et sous-claviculaires.

La *région axillaire* est des plus favorables aux injections intra-pulmonaires. La paroi est mince et permet de ponctionner sans danger les deuxième, troisième, quatrième et cinquième espaces intercostaux. Il suffit d'écarter les vaisseaux du bras, en plaçant celui-ci horizontalement et d'éviter les artères ou veines thoraciques.

Les thoraciques antérieures sont sous les pectoraux ; les thoraciques longues, à la base, à deux doigts environ du bord inférieur du grand pectoral ; la scapulaire inférieure tout à fait en dehors de l'aisselle, le long du bord externe de l'omoplate. L'aiguille à injection, enfoncée à travers les deuxième et troisième espaces intercostaux et dirigée obliquement en haut, en arrière et en dedans, conduira facilement vers le sommet correspondant.

La *région sous-claviculaire* n'est pas moins avantageuse. On peut atteindre, sans danger, le poumon dans tout l'intervalle compris entre les vaisseaux mammaires et axillaires. Les mammaires passent verticalement à un doigt en dehors du sternum; les axillaires se dirigent obliquement du milieu de la clavicule, à six ou sept centimètres de la ligne médiane vers la racine du bras. La veine axillaire est distante de l'axe sternal : dans le premier espace, de neuf centimètres; dans le deuxième, de douze centimètres environ.

En dirigeant l'aiguille en haut, en arrière et en dehors, on peut encore, par les deux premiers espaces intercostaux, aboutir au sommet des poumons.

Inutile d'ajouter que toute la région thoracique médiane, correspondant au cœur et aux gros vaisseaux, sera soigneusement respectée. Il faut se tenir, à droite, à deux ou trois travers de doigt du sternum et rester, à gauche, en dehors de la ligne mammelonnaire. En haut on pourra, toutefois, se rapprocher un peu plus de la partie médiane.

Il est bon d'agir assez loin du pédicule pulmonaire; constitué essentiellement par des bronches ou des vaisseaux de gros calibres, son abord est périlleux. L'aiguille pourrait s'y rompre ou déterminer des hémorrhagies fâcheuses; les liquides injectés dans les canaux bronchiques seraient capables de provoquer de la toux et de la suffocation.

En ne dépassant pas les portions molles, spongieuses, périphériques des poumons, le champ opératoire est encore assez vaste.

Des coupes verticales et transversales, pratiquées sur des poumons injectés au suif, m'ont démontré qu'on peut enfoncer l'aiguille à trois centimètres en arrière, cinq ou six en haut, en arrière et sur les côtés, sans sortir des régions parenchymateuses.

On se guidera encore, à ce point de vue, sur l'embonpoint du sujet, sa musculature, le siège de la lésion, l'obliquité de l'instrument, etc., on aura soin de faire la ponction au moment d'une forte inspiration ; l'écartement costal facilite la manœuvre.

Celle-ci ne présente aucune difficulté d'exécution.

On se servira d'une aiguille fine, résistante et légèrement flexible, d'une longueur convenable. Le n° 1 de l'aspirateur Dieulafoy suffit généralement. Elle sera aseptique et enduite d'huile phéniquée.

Pepper agissait le vide à la main ; c'est gênant et inutile.

Quant à l'anesthésie locale préalable, elle paraît au moins superflue. L'insensibilisation cutanée par la glace ou l'éther est plus pénible que la piqûre même.

Il faut agir simplement comme pour une injection hypodermique ordinaire. C'est le moyen de faire vite et bien, sans effrayer le malade.

CONCLUSIONS GÉNÉRALES

I. — La *pneumectomie*, partielle ou totale, pratiquée antiseptiquement, est généralement supportée par divers animaux et compatible avec leur existence.

II. — Chez l'homme, appliquée au traitement de la *tuberculose*, cette opération a donné jusqu'ici des résultats déplorables ; dirigée contre le *cancer* secondaire, superficiel et circonscrit du poumon, elle paraît utile et peu dangereuse.

III. — La *pneumotomie* mérite d'entrer pleinement, pour des cas déterminés, dans la pratique chirurgicale. Elle peut être avantageuse :

1° Dans certains *abcès* d'origines diverses, déterminant des phénomènes graves et dont le diagnostic topographique est bien établi ;

2° Dans la *gangrène circonscrite* provoquant des accidents infectieux et dont le siège est exactement reconnu ;

3° Dans la *bronchite putride*, grave et localisée ;

4° Dans les formes rares de *tuberculose limitée*, représentée par une excavation isolée, superficielle, dont les produits septiques occasionnent des symptômes infectieux capables de compromettre directement la vie du malade ;

5° Dans les *kystes hydatiques* volumineux dont la guérison spontanée ne survient pas ou n'est pas obtenue par les moyensordinaires ;

6° Dans les *corps étrangers intra-pulmonaires* ayant résisté aux manœuvres habituelles, donnant lieu à des accidents phlegmasiques ou à la fonte du parenchyme et dont le siège peut être suffisamment précisé.

IV. — Les *ponctions exploratrices*, faites avec soin, sont généralement innocentes ; elle donneront le plus souvent de précieux renseignements diagnostiques.

V. — Les *adhérences pleurales* ne sont pas indispensables dans la pneumotomie, mais elles constituent une condition éminemment favorable. Leur absence, dans certains cas, est une contre-indication formelle à l'intervention.

VI. — Le *bistouri* peut être employé dans l'opération, mais le *thermo-cautère*, aussi utile et moins dangereux, lui sera ordinairement préféré.

VII. — La *résection costale* doit être généralisée. Elle convient particulièrement à l'ouverture des grandes excavations pulmonaires et en facilite la guérison rapide. Son étendue sera en rapport avec celle de la lésion.

VIII. — Le *drainage* et les *lavages antiseptiques* paraissent toujours utiles et souvent nécessaires. Les drains doivent être souples et quelquefois multiples ; une ou plusieurs contre-ouvertures sont parfois indiquées.

IX. — Les *injections* antiseptiques *intra-caverneuses*, en dehors de la pneumotomie, semblent peu favorables.

X. — Les injections *intra-parenchymateuses* , chez l'animal comme chez l'homme, sont bien supportées, à condition d'être faites avec précaution, avec des liquides peu irritants et à doses modérées.

XI. — Les *injections intra-parenchymateuses* chez les tuberculeux, n'aggravent pas l'état local et n'arrêtent pas la marche des lésions pulmonaires. Elles ont procuré, dans certains cas, un léger amendement symptomatique.

XII. — On peut agir sur divers points de la paroi thoracique ; les régions sous-claviculaires et axillaires sont les plus abordables et les moins dangereuses.

ADDENDUM A LA PAGE 113

M. Bucquoy (1) a étudié, dans un travail remarquable, une variété de gangrène pulmonaire accompagnée de pleurésie. Celle-ci est probablement secondaire et causée par le sphacèle du parenchyme sous-pleural. L'auteur propose, pour ces cas, l'empyème.

C'est, en effet, la seule thérapeutique rationnelle. Elle permettra de donner issue non seulement aux liquides renfermés dans la plèvre, mais encore aux lambeaux gangrénés du poumon.

Cette opération fut pratiquée sur le professeur D... dont l'observation célèbre est rapportée en détails par M. Millard (2). L'empyème fit écouler beaucoup de pus fétide et, plus tard, permit de retirer des portions de poumon sphacélées.

Dans les cas où, comme chez un malade de Bucquoy, il existerait une collection purulente intraparenchymateuse, on devrait l'ouvrir aussitôt, c'est-à-dire joindre la pneumotomie à la pleurotomie.

(1) *Mém. Soc. Méd. Hôp.*, 2e série, t. XII, p. 33.
(2) *Mém. Soc. Méd. Hôp.*, 2e série, t. XII, p. 81.

INDEX BIBLIOGRAPHIQUE

ALBERT. — *Centralblatt für Chirurgie*, 1881, n° 48, p. 766.

— Ueber Lungenchirurgie. *Wiener med. Presse*, 1884, n°s 27 et 28.

ARJO. — *Historique du traitement chirurgical des cavernes pulmonaires*. Thèse de Paris, 1877, n° 72.

BACCHINI. — Contribuzione alla cura chirurgica delle caverne polmonali. *Imparziale*, 1883, n° 11.

— Analyse in *Centralb. f. Chir.*, 1883, n° 37.

BARRY. — *A treatise on three different digestions*. London, 1763, p. 366.

— *A treatise on the consumption of the lungs*. Dublin, 1726, p. 217.

BEHIER. — Traitement de la phthisie pulmonaire, *Bullet. de Thérapeut.*, 1875, t. II, p. 193.

R. BEVERLEY. — Of the utility for the patients suffering from pulmonary phthisis of intra-pulmonary injections. *Med. Rec. New-York*, 1885, p. 27, n° 2, january, 10.

E. BILLINGTON. — A case of empyema with pulmonary cavity treated by free opening, drainage and injections. Rapid recovery. *New-York med. Journ.* 1878, t. XXVIII, p. 524.

D. BIONDI. — Estirpazione del polmone. *Giorn. internaz. delle. Sc. med.* 1882, p. 759, et 1883, p. 248. — *Wien. med. Jahrb.*, 1884, f. 3, p. 207.

BISS. — On the treatment of pus-secreting basic cavities of the lung by the method of paracentesis and free drainage. *Proc. Roy. med. and Chir. Soc. of London*, 27 mai 1884 et *Med. Times*, 1884, p. 747. Discussion à la société : Broadbent, K. Fowler, Godlee, Walsham.

BLOCK.— Ueber Lungenresection und ihre Indicationen. *Berl. kl. Woch.*, 31 oct. 1881, t. XVIII, p. 645 et *Deutsch. med. Woch.*, 1881, n° 47.

BOERHAAVE. — *Aphorismes.* § 1190.

BOUCHUT. — *Mémoire sur les fistules pulm. cutanées* (lu à l'Ac. de méd.), 1854, p. 123, 144, 158, 172.

BRICHETEAU. — *Maladies chroniques de l'appareil respiratoire*, 1851, p. 260 et 264.

BUCQUOY. — La pleurésie dans la gangrène pulmonaire, *Mém. Soc. Méd. Hôp.*, 1875, t. XII, 2e série, p. 33.

E. BULL. — Bidrag til sporgsmalet om operative indgreb ved lungesygdomme. *Nordiskt, med. ark.*, 1881, Bind XIII, n° 17.

— *Nord. med. ark.*, 1882, Bd XIV, n° 26.

— *Nord. med. ark.*, 1883, Bd. XV, n° 17.

— *Ueber operative Eroffnung von Lungenkavernen.* Congrès de Copenhague, août 1884.

CALLISEN. — *Systema Chirurg. Hodiernæ*, 1798-1800.

CARTAZ. — Revue critique sur la pneumotomie. *Gazette méd. de Paris*, 25 oct. et 1er nov. 1884, p. 511 et 520.

CAYLEY. — *Roy. med. and chir. Soc. London*, 11 nov. 1884.

CAYLEY ET LAWSON. — Gangrene of the lung treated by incision. *The Lancet*, 29 mars 1879, t. I, p. 440.

CAYLEY ET GOULD. — Gangrene of the lung treated by drainage. Recovery. *Roy. Soc. London*, 27 mai 1884, et *med. Times*, 31 mai 1884, t. I, p. 747.

CLAESSENS. — *Annales Soc. med.* Gand, 1839, p. 170.

COLLINS. — *London med gaz.*, septembre 1855.

DAVID. — Sur les abcès, in *Mémoires de l'Ac. Roy. de Chirurgie*, 1778, t. X, p. 31.

DEAHNA. — Beiträge zur chirurgischen Behandlung der Lungenkrankheiten. *Schmidt's Jahrbücher der gesammten Medicin.* 1882, v. 194, p. 269.

DRINKWATER. — On a case of gangrene of the lung treated by incision and drainage. *London med. Rev.*, 15 mai 1884, t. I, p. 199.

CH. FENGER. — Surgical treatment of the lung. *Med. News*, 7 juin 1884 et *Rev. Hayem*, 15 janv., 1885, t. XXV, p. 298.

CH. FENGER ET HOLLISTER. — Opening of cavities in the lungs. *Americ. Journ. of the med. Sc.*, oct. 1881, p. 370.

FINNE. — Norsk. magaz. for Laeger. de us kaben, 1882, r. 12, heft 3; analys. in *Centr. f. Chir.*, 1882, n° 38.

FINNY. — Gangrène of the lung in wich the cavity was tapped. *Dublin, med. journ. of med. Sc.* 1er janvier 1884, t. II, p. 19.

E. FRAENKEL. — Experimentelle Untersuchung über den Einfluss von medicament. Injectionen in Lungengewebe. *Deutsch. med. Woch.*, 1882, n° 4, p. 51.

P. Garnier. — *Dictionn. annuel des progrès des Sc. et Institut. méd.*, 1883, p. 91, et 1884, p. 100.

Th. Gluck.— Experimentaller Beitrag zur Frage der Lungenextirpation. *Berl. klin. Woch.*, 3 mars 1884, t. XVIII, p. 645.

Hastings-Storks. — *London med. gaz.*, décembre 1844, et *Gaz. méd. de Paris*, 1845, p. 457.

Hiller. — *Centralbl. f. kl. medic.*, 1883, n° 19, p. 315.

Hippocrate. — *Œuv.*, *Trad.*, Littré, vol. VII, p. 65.

Jaymes. — *Journ. génér. de med.*, t. XLV.

Kaczorowski. - Beitrag zur Lungenchirurgie. *Deutsch. med. Woch.*, 1883, t. IX, n° 29, p. 432.

W. Koch. — Historiches über die chirurgische Behandlung der Lungecavernen. *Berl. klin. Woch.*, 20 avril 1874, n° 16, p. 194.

— Ueber die Veränderungen welche gewise mechanishe und chemische Reize im Lungenparenchym hervorbringen. *Arch. f. Kl.Chir.*, 1873, t. XV, p. 706.

— Zur Lungenchirurgie. *Deutsche med. Woch.*, 1882, p. 440.

Krimer. — *Journ. Compl. Sc. med.*, 1830, t. 36, p. 270.

Kroenlein. — Ueber Lungenchirurgie. *Berl. klin. Woch.*, 3 mars 1884, n° 9, p. 129.

R. Lépine. — *Compt. rend. Soc. biol.*, avril et mai 1870.

— *De l'hemiplégie pneumonique*. Th. Paris, 1870.

— *Soc. Sc. med. Lyon.*, 22 avril 1885.

Leyden. — *Verhandlungen des Vereins für innere Medic.* 2 juillet 1883. *Deutsch. med. Woch.* 1883, n° 28, p. 419.

— *Deutsch. med. Zeitung*, 1883, n° 28, p. 375.

Macleod. — *London med. gaz.*, t. XIX, p. 691.

Marcus (de Jassy). — Recherches relatives aux conséquences de l'extirpation expérimentale des poumons. *Mém. Soc. biol.*, 1881, p. 323, et *Gaz. méd. Paris*, 1881, n° 49, t. I, p. 695.

Marigliano. — *Gazz. medica ital. Prov. ven.*, 1883, n° 10.

Eug Martel. — Contribution à l'étude du traitement chirurgical des cavernes pulmonaires. *Rev. bibliogr. univers. de Sc. méd.*, 28 février 1885, n° 14, t. II, p. 65.

Maunoury. — *Année médicale*, 1882, p 201 et 1883, p. 270.

Millard. — Relation de la maladie du prof. D..., *Mém. Soc. Méd. Hôp.*, 1875, t. XII, 2e série, p. 81.

Fr. Mosler. — Ueber lokale Behandlung von Lungenkavernen. *Berl. kl. Woch.*, 27 oct. 1873, n° 43, t. X, p. 509.

— Zweiter Cong. fur innere med. : Ueber Lungenchirurgie. *Berl. kl. Woch.*, 7 mai 1883, t. 20, p. 289.

Nasse. — *Arch. f. med. Erfahrungen*, 1824, t. II, p. 117.

H. Payne. — Pulmonary abscess, opened antiseptically; death. *The Lancet*, 15 avril 1882, t. I, p. 601.

W. PEPPER. — The local treatment of lung cavities, in *Americ. journ. of the med Sc.*, oct. 1874, t. II, p. 255.

— On the local treatment of pulmonary cavities by injections through the Chest-Wal, in *Americ. journ. of. med. Sc.*, p. 313.

— *Lecture before the med. Associat. of Philadelphic*, 1880.

PORCHER. — *Virginia med. month Richemond*, 1882-1883, p. 333.

POUTEAU. — *Œuvr. posth.*, 1783, t. I, p. 315.

D. POWELL ET LYELL. — Basic cavity of the lung, treated by paracentese. *Proc. med. Rec.*, 1880, p. 333 et *The Lancet*, 1880, t. II, p. 12.

E. QUEISS. — Ausgang einer Pneumonie; Abszessbildung. *Wien. med. Woch.*, 1882, n° 13, p. 364.

J. RADEK. — Ein Lungenabscess von ungewohnlicher Grosse *Centralb. f. Chir.*, 1878, n° 44, p. 750.

RICHERAND. — *Nosographie chirurgicale*, 1812, t. IV, p. 194.

ROHDEN. — Beitrag zur Casuistik der Lungenchirurgie. *Deutsch. med. Woch.*, 1884, n° 14, p. 215.

ROQUE. — *Compt. rend. Soc. biol.*, 1869.

O. ROSENBACH. — Ueber die Anwendung des Iodoform bei der Nachbehandlung operirter Empyeme nebst Bemerkungen über die Frage der Thoracotomie bei infectiosen Erkrankungen des Lungenparenchyms. *Berl. kl. Woch.*, 13 fév. 1882, t. 19, p. 99.

RUGGI. — *La tecnica della pneumectomia nell'uomo.* Bologna, 1885.

SADLER. — Tapping of tubercular pulmonary cavity. *The Lancet*, 18 janv. 1875, t. I, p. 84.

O. SEIFERT. — Beitrag zur Behandlung der Bronchiectaser. *Berl. Kl. Woch.*, 1883, n° 24, p. 357.

SHARPE. — *A treatise on the operations of surgery.* London, 1769, p. 128.

SCHENK. — *Observationes medicinæ*, 1584, lib. II, obs. 15.

SOKOLOWSKI. — Lungencavernen. Beitrag zur localer Behandlung derselben. *Deutsch. med. Woch.*, 1882, n° 29, p. 397, et *Arch. gener. med.*, 1883, t. I, p. 106.

CH. SCHMIDT. — Gangrene of the lung treated by incision. *The Lancet*, 17 janv. 1880, t. I, p. 86.

HANS SCHMID. — Experimentelle Studien über partielle Lungenresection. *Berl. kl. Woch.*, 1881, n° 51, p. 757.

SPILLMANN. — Traitement local des cavernes pulm. *Arch. gén. méd.*, août 1874, t. I, p. 232.

TEALE. — Abscess of lung cured by incision and drainage. *The Lancet*, 5 juillet 1884, t. I, p. 6.

H. TRUC. — *Soc. Sc. méd. Lyon*, 22 avril 1885 et *Lyon-Méd.*, 1885, t. XLVIII, p. 5.

W. WAGNER. — Fall von putrider Pleuritis mit Abstossung eines Stuckes gangranosen Lungengewebes ans der Operationswunde. *Berl. kl. Woch.*, 1880, n° 36, p. 511.

WALTON. — Resection of the lung. *Edimburg med. journ.*, 1883, t. I., p. 469.

WEINLECHNER. — Zur Kasuistik der Tumoren an der Brustwand und deren Behandlung. *Wien. med. Press.* 20 mai 1882, n° 20, p. 589 et n° 21, p. 624.

TH. WILLIAMS. — Note of a case of pulmonary phthisis with large vomica in wich the cavity kas been tapped with good result. *Britisch med. journ.*, 1878, t. I, p. 101.

— Basic cavity of lung treated by paracentesis. *The Lancet*, 3 juillet 1880, t. II, p. 13.

— Clinical Remarks on a case of bronchiectasis treated by tapping. *The Lancet*, 23 Décembre, p. 1078, 30 décembre 1882, t. II, p. 1107.

WILLIS. — *Anatomie du cerveau.* 1664, chap. XII, p. 77.

WUNDERLICH. — The surgical treatment of lung cavities. *The New-Yok med. journ.*, 10 janv. 1885, n° 2, t. XLI, p. 35.

X .. — Della pneumectomia nell'uomo. *La Riforma medica*, 4 et 5 mai 1885, n°s 104 et 105.

F. ZANG. — *Darstellung blutiger heilkunstlerischer Operationen.* Wien. 1818, p. 134.

TABLE DES MATIÈRES

Lyon. — Imprimerie Nouvelle, rue Ferrandière, 52

www.ingramcontent.com/pod-product-compliance
Ingram Content Group UK Ltd.
Pitfield, Milton Keynes, MK11 3LW, UK
UKHW020149220726
13923UKWH00001B/445

9 782016 115435